THIS BOOK BELONGS TO

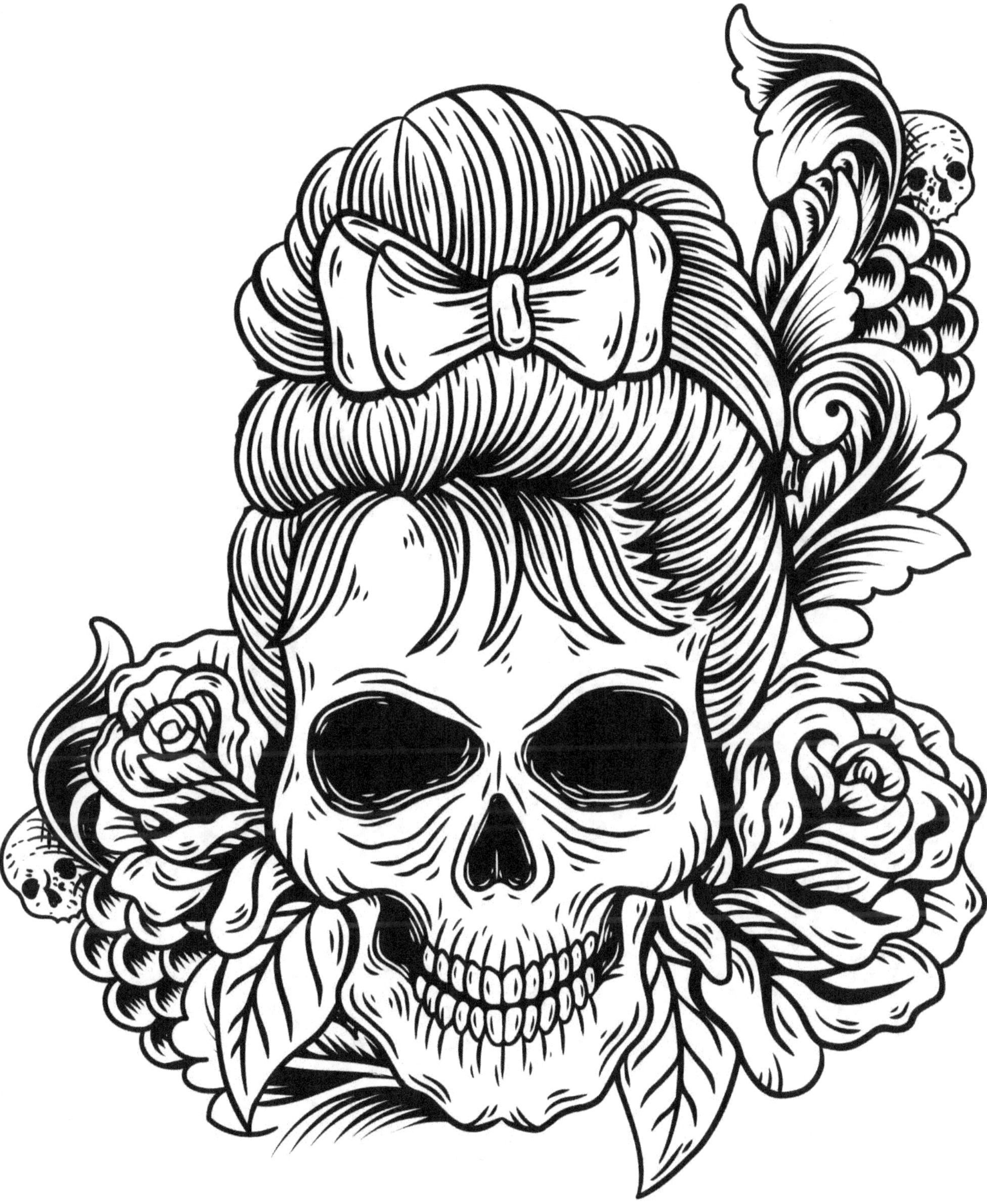

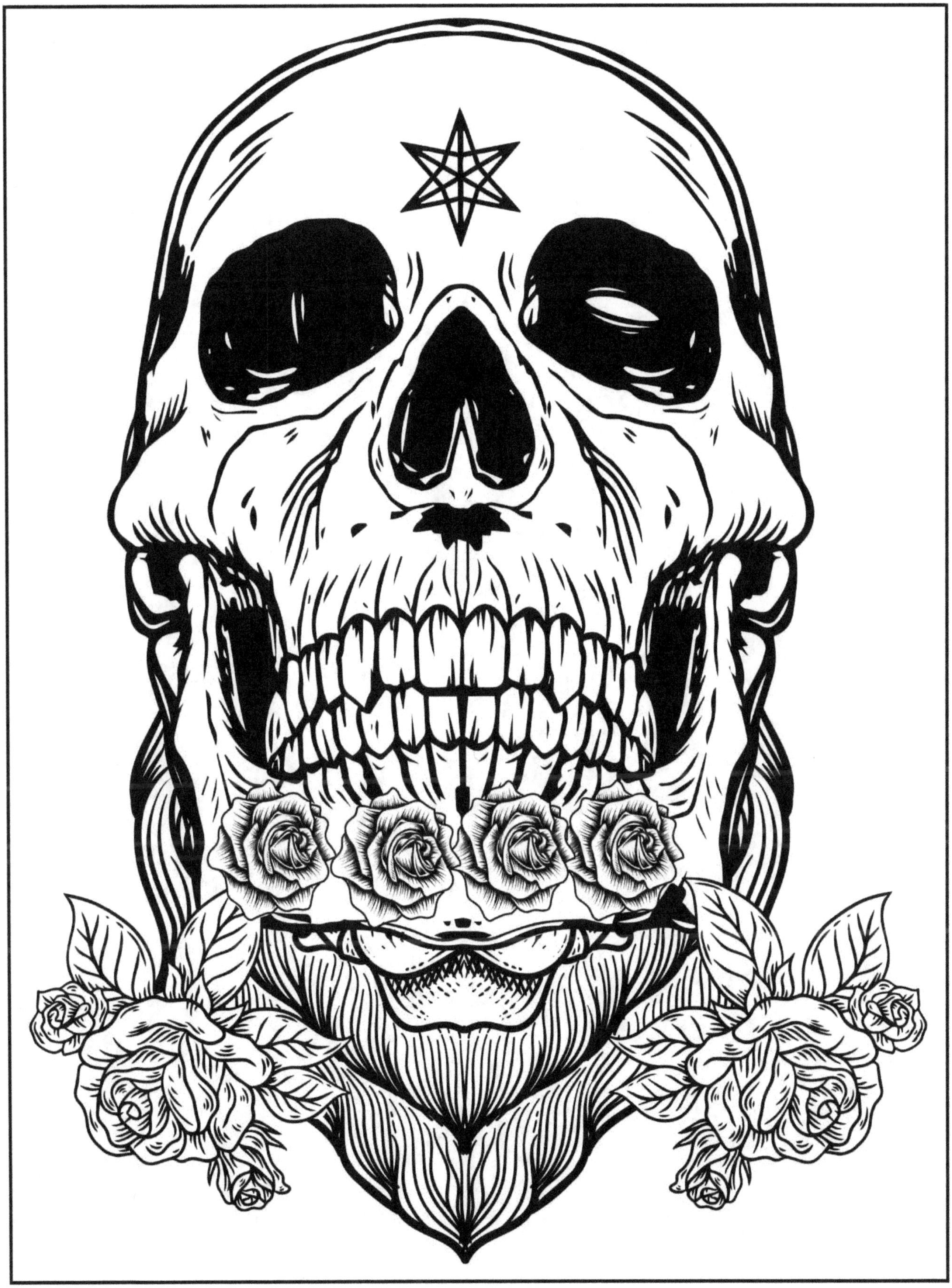

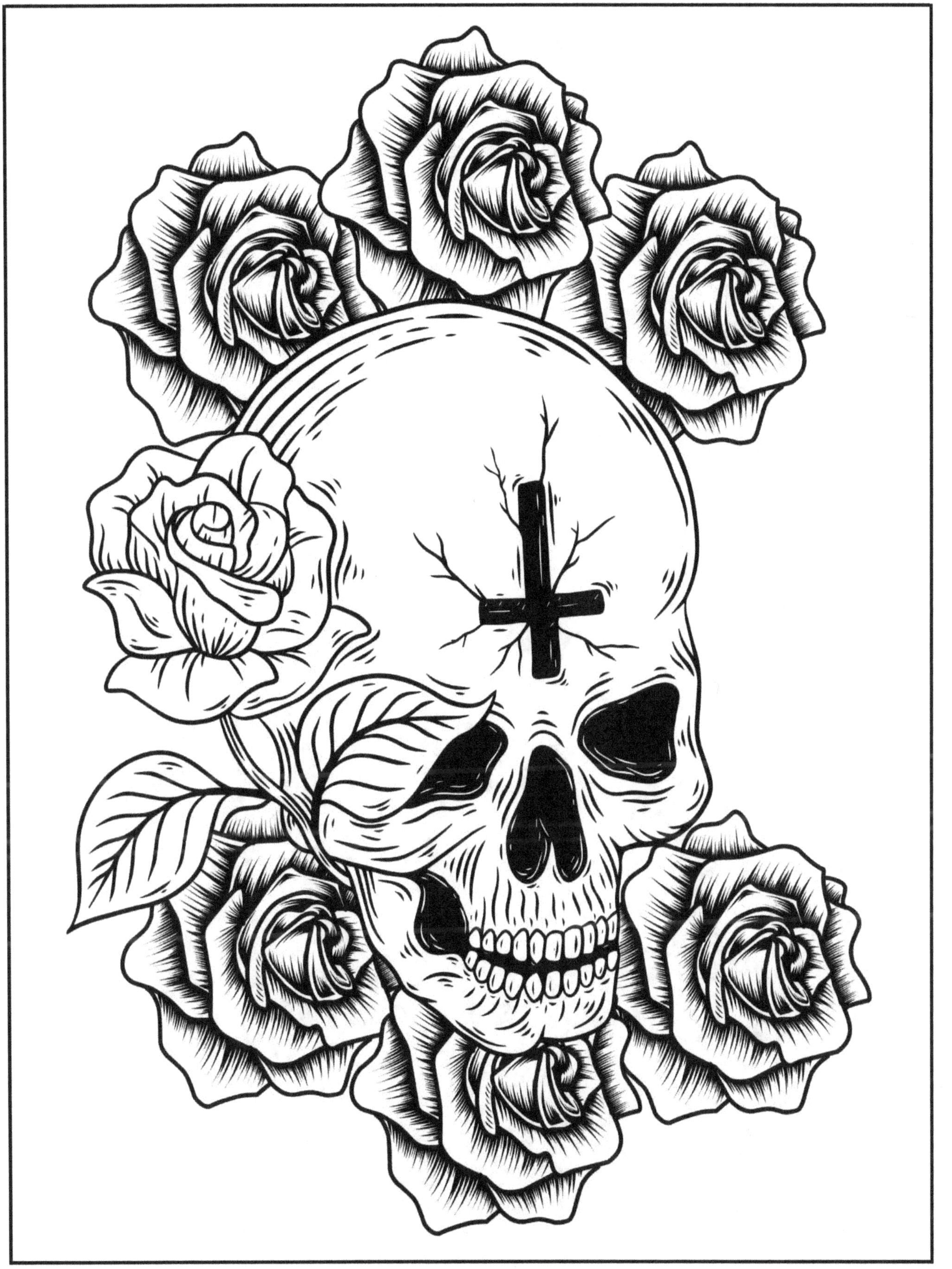

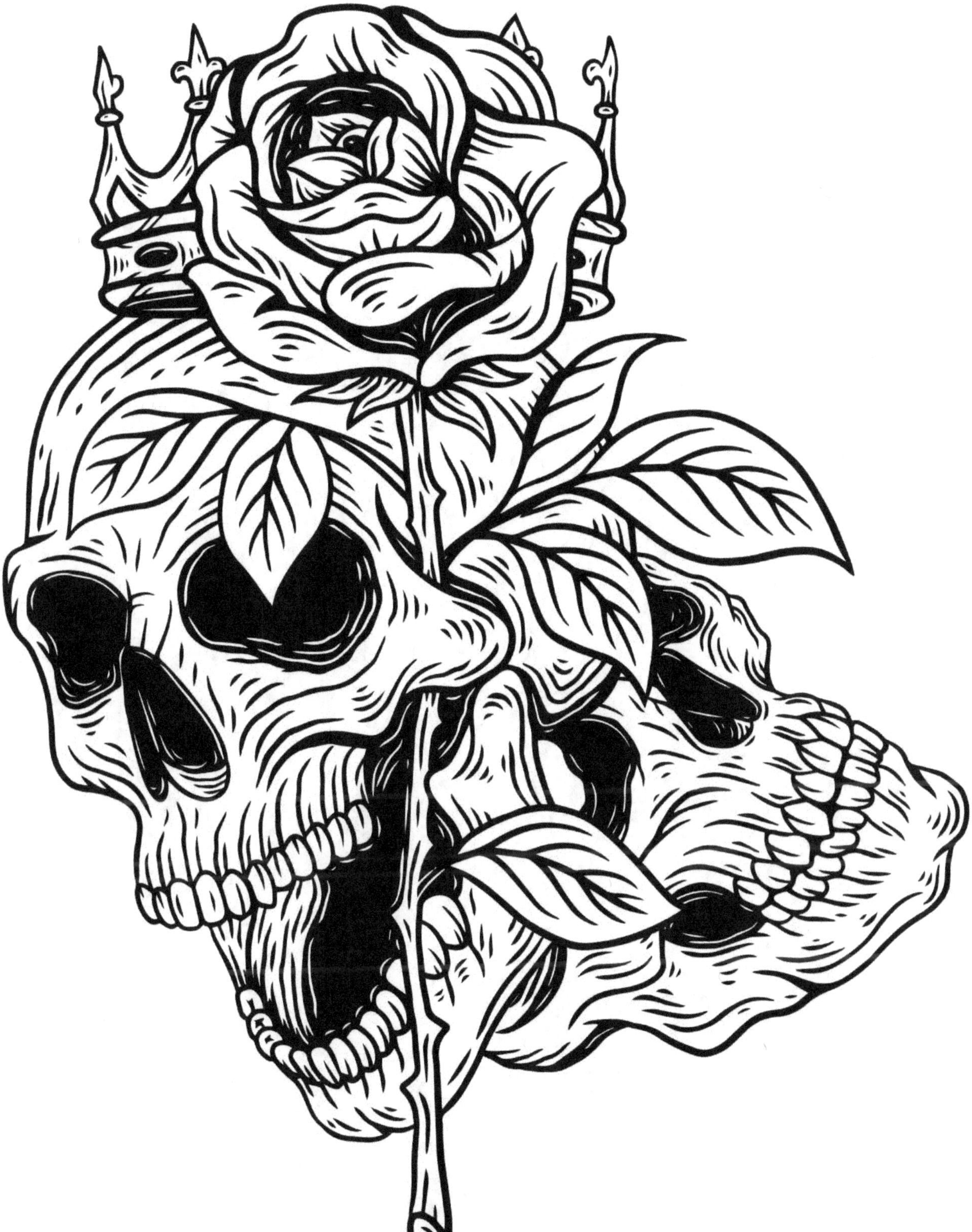

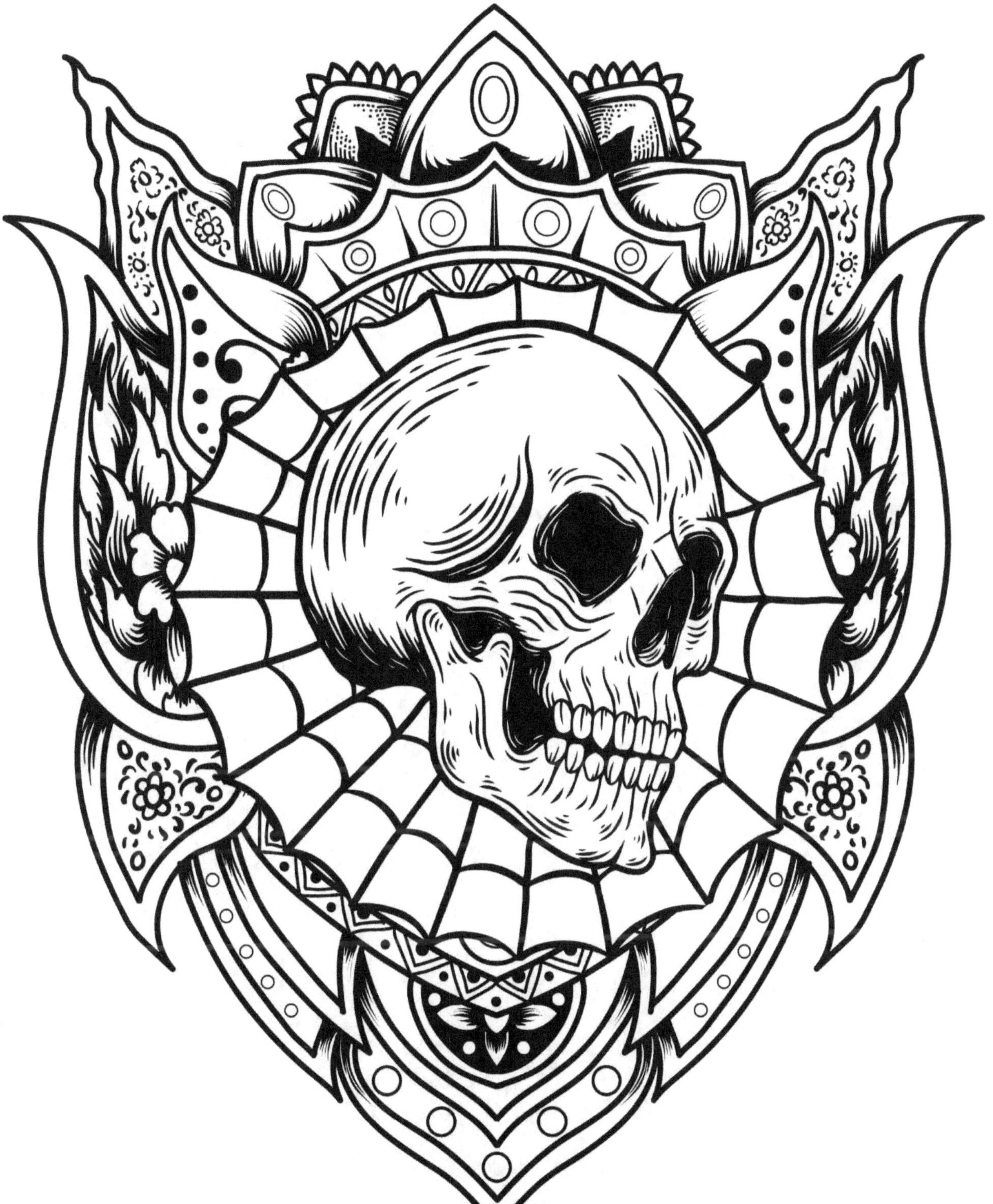

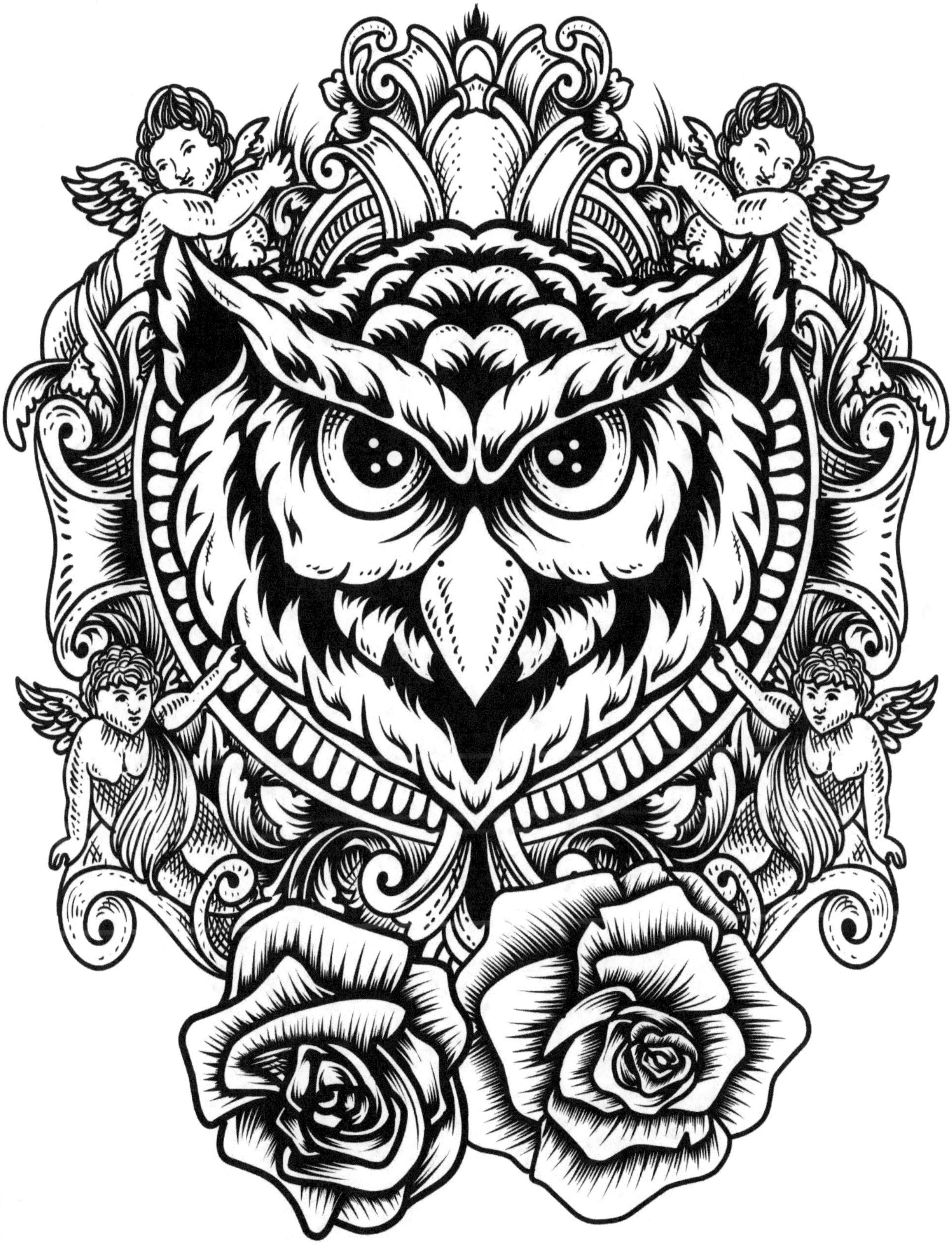

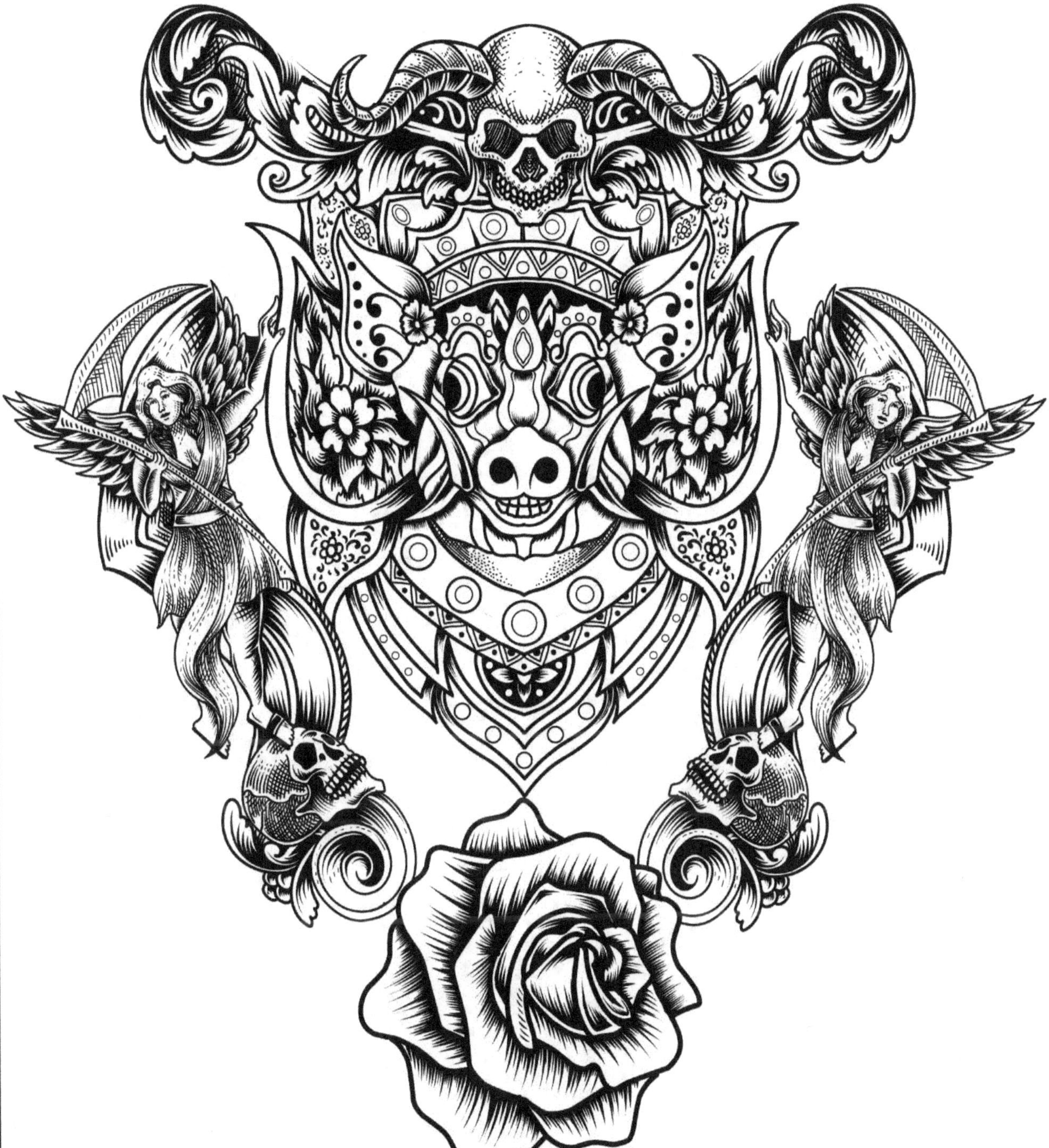

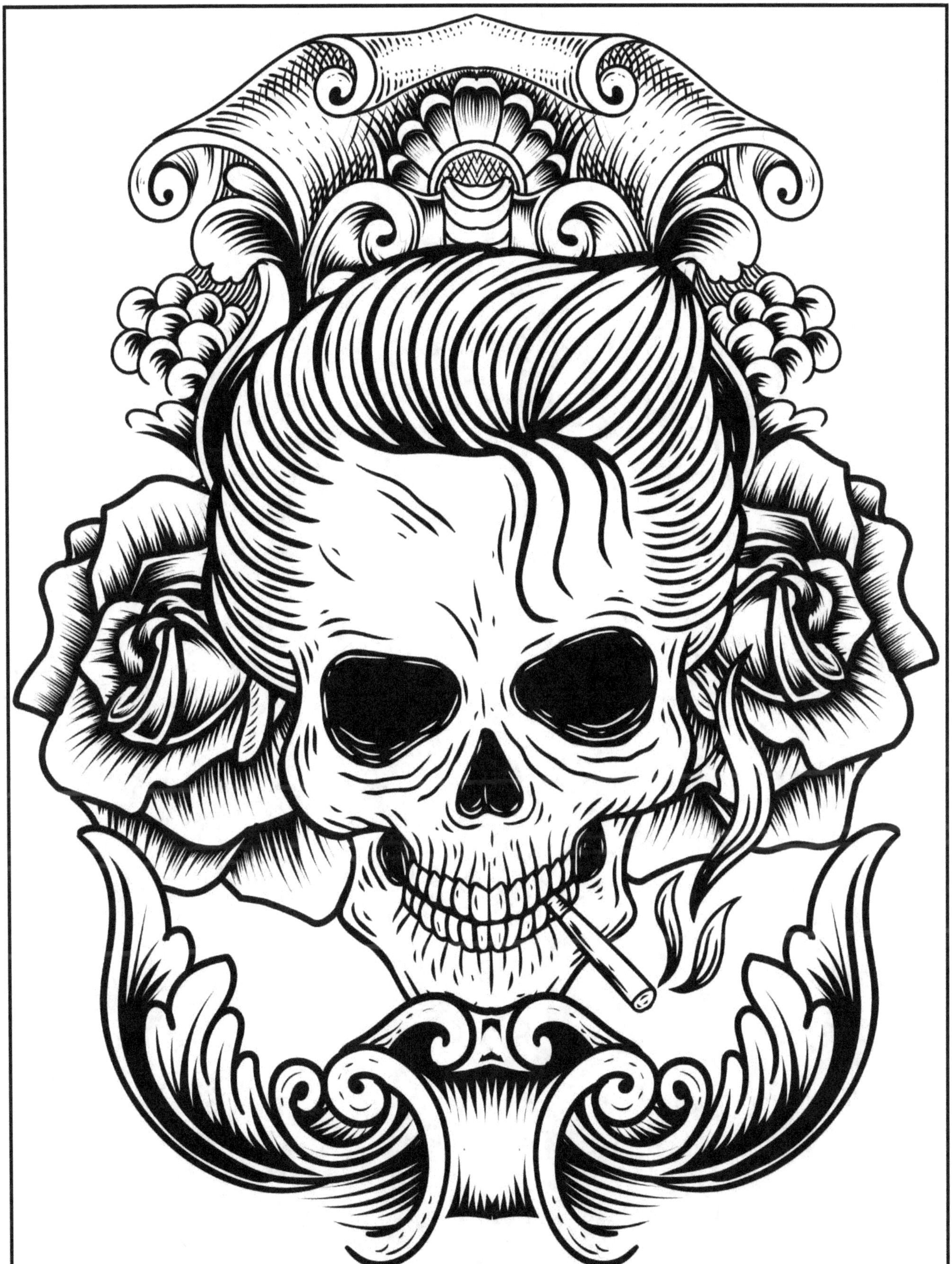

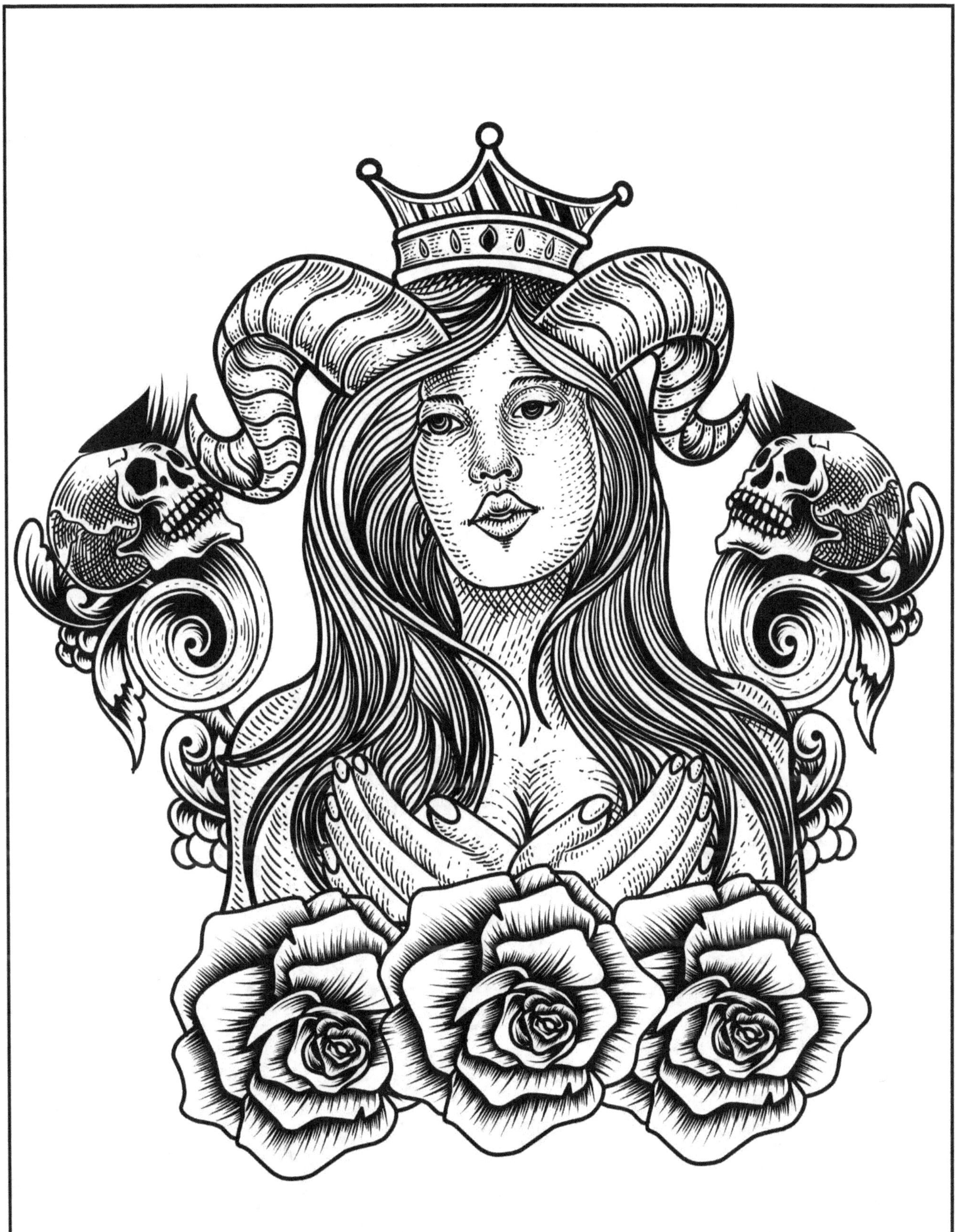

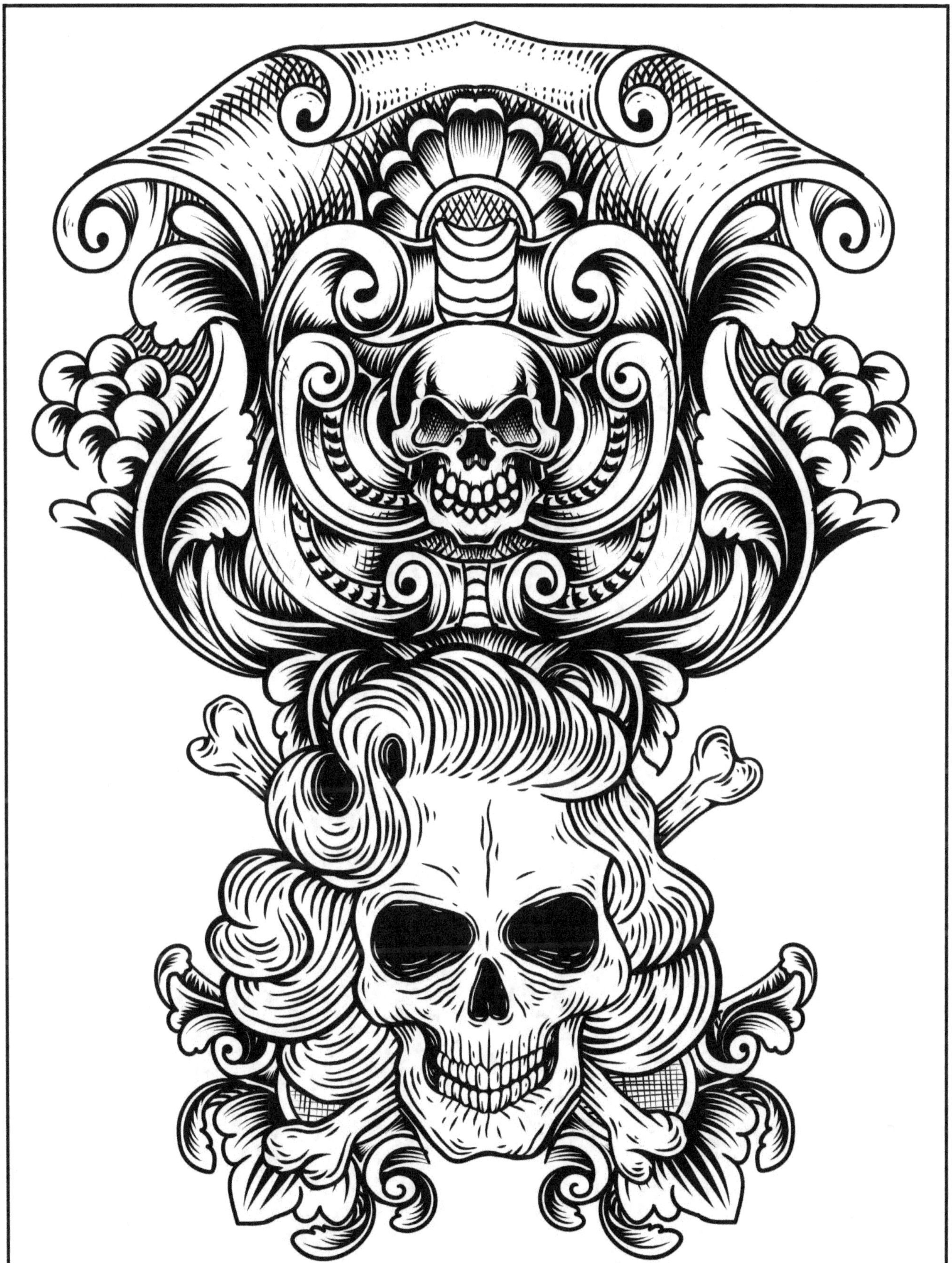

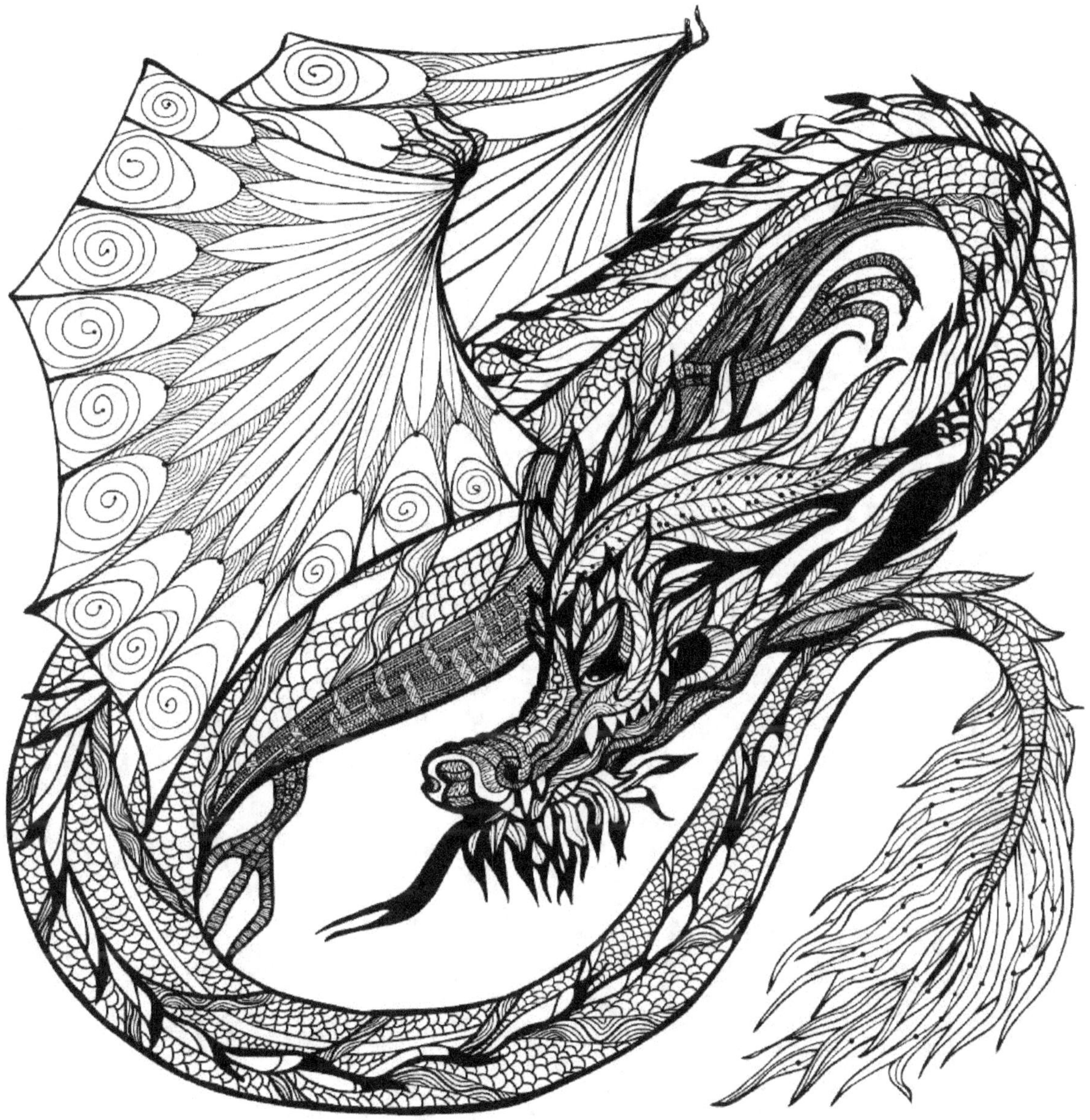

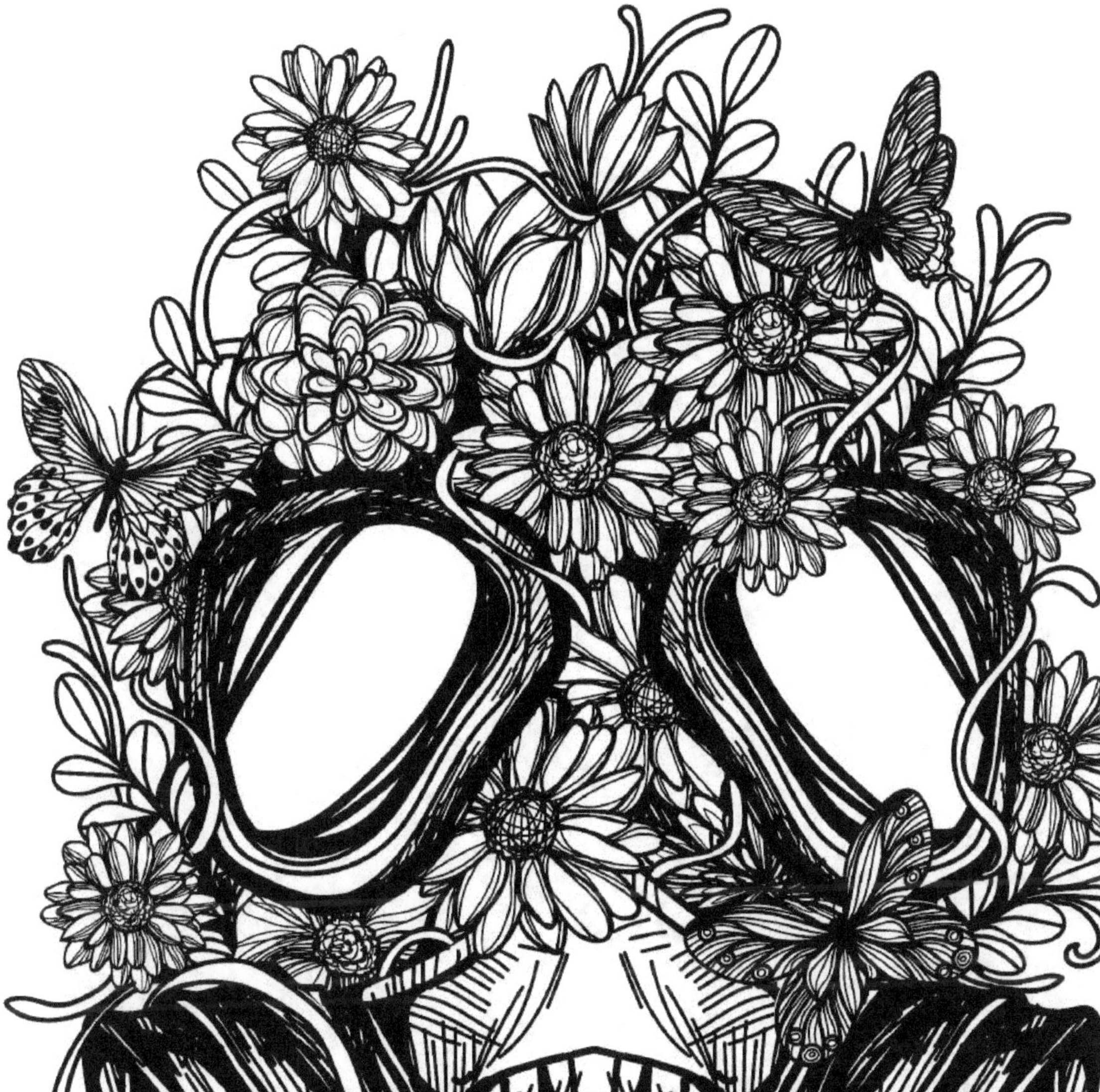

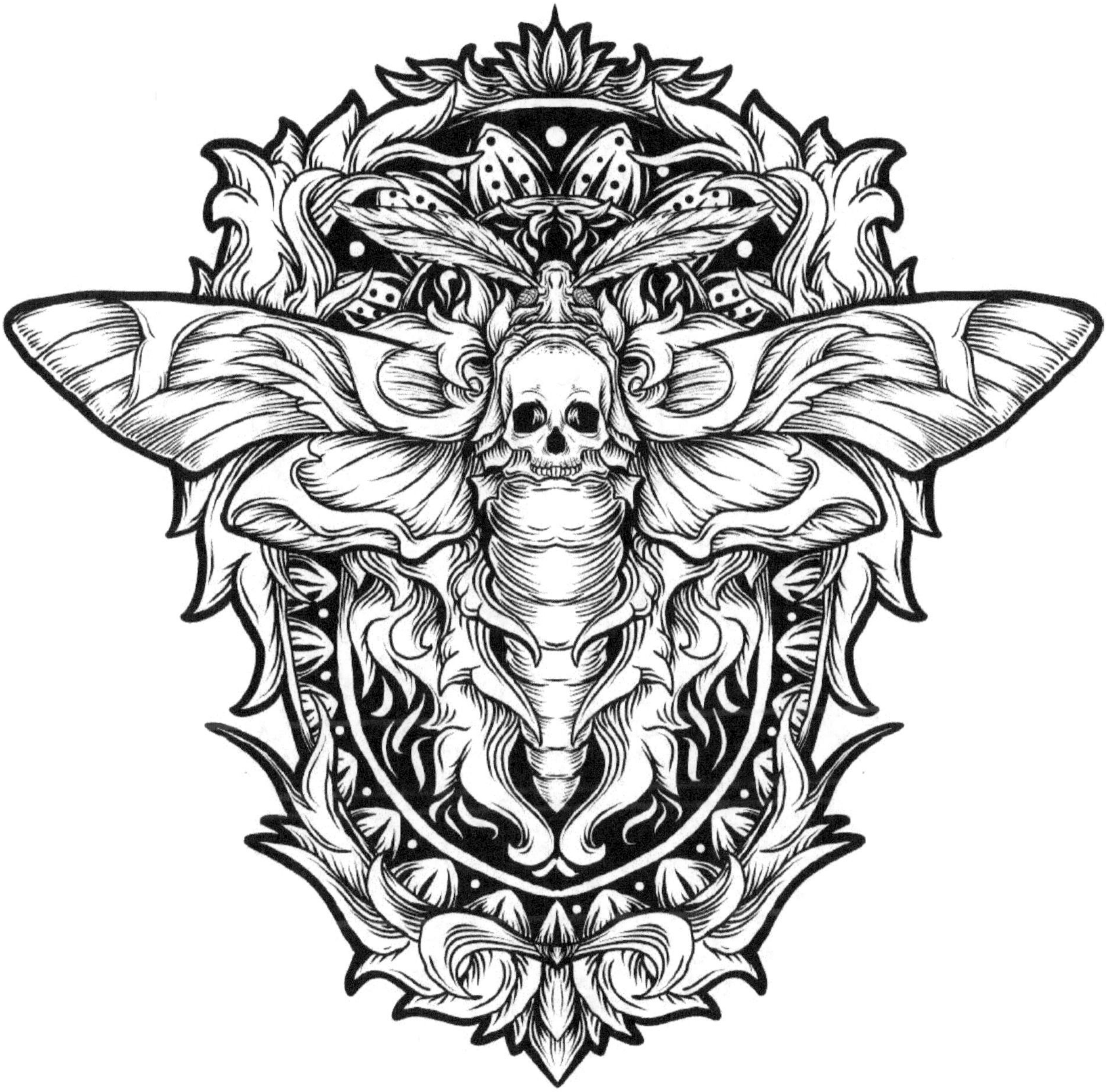

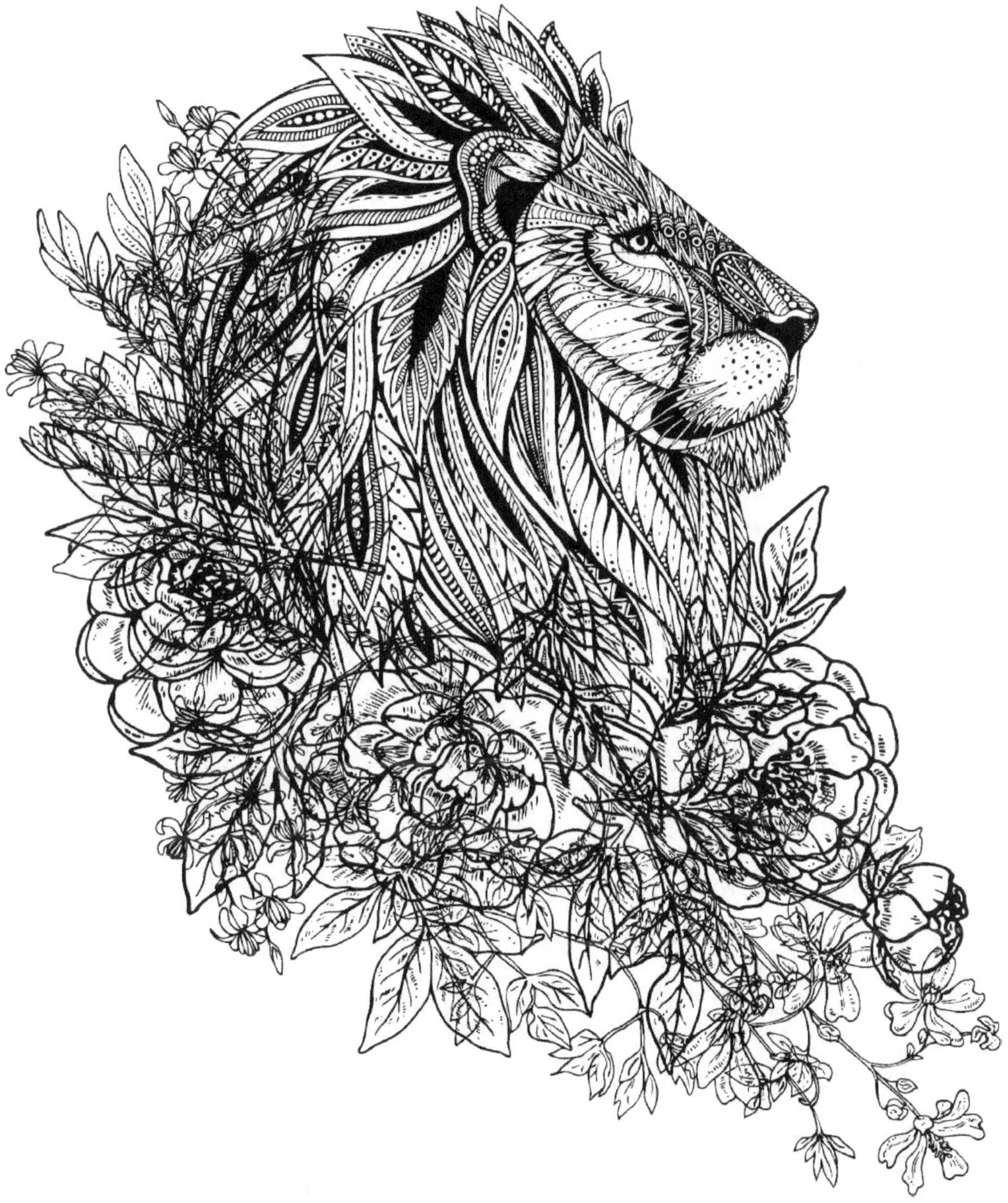

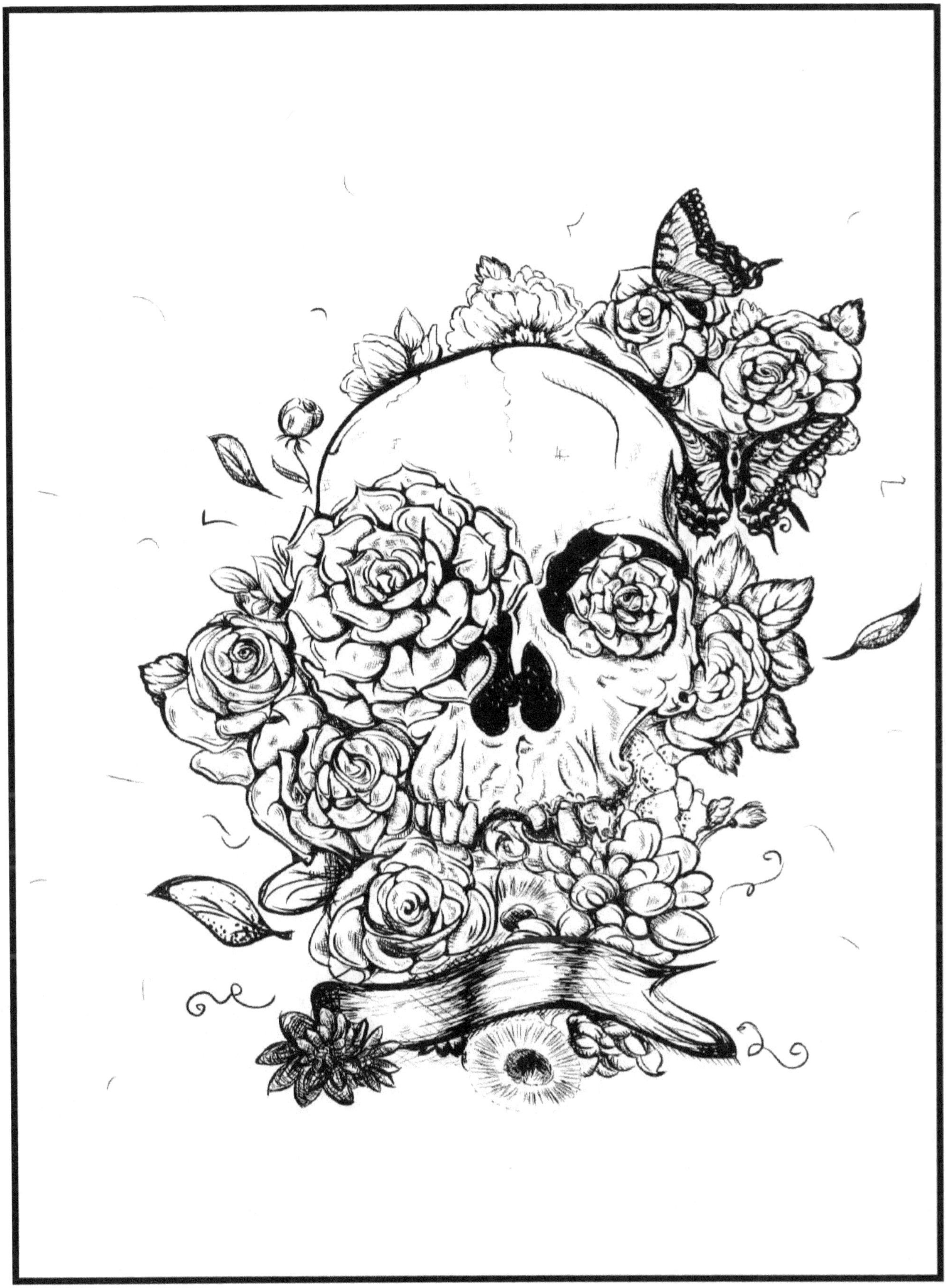

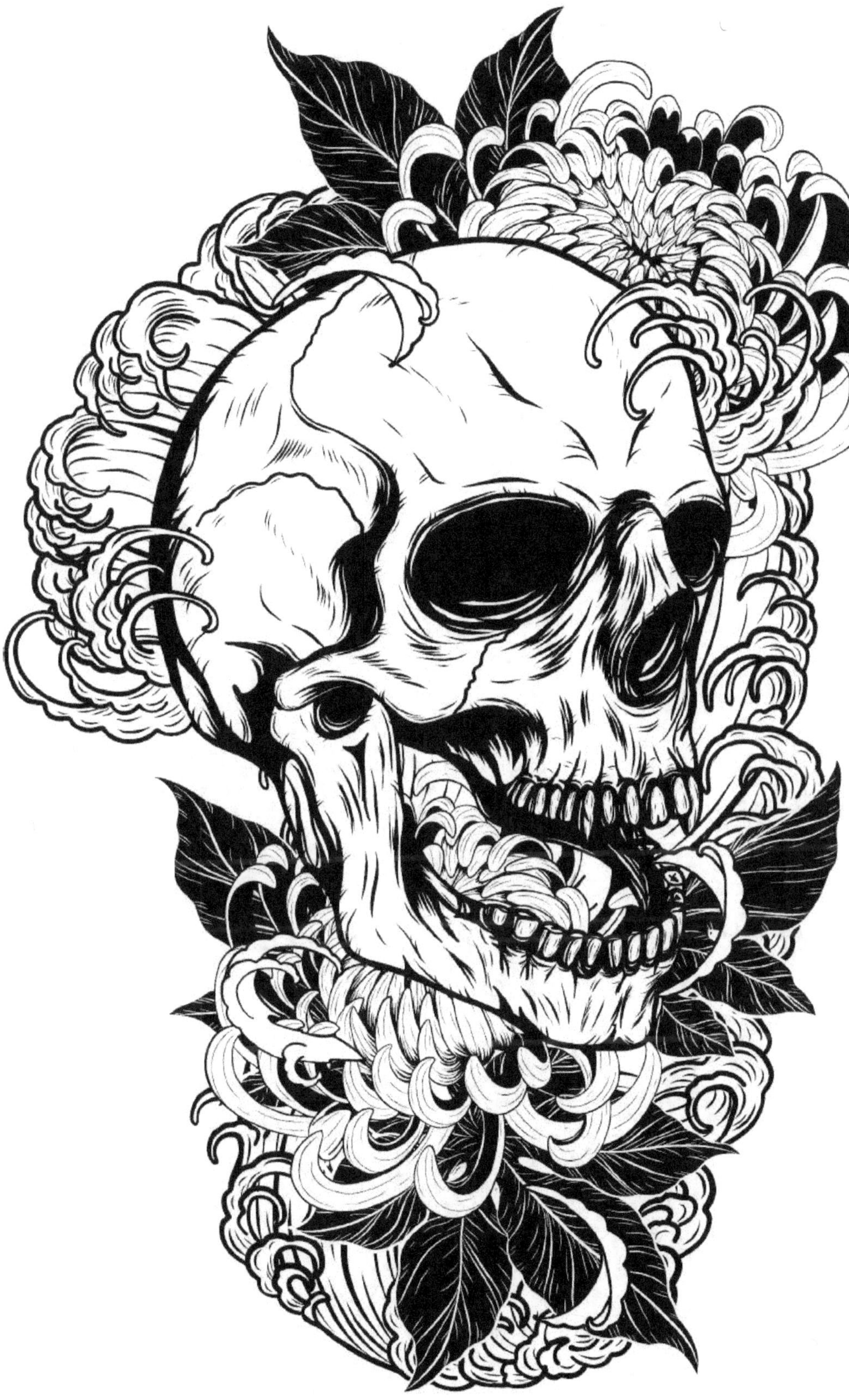

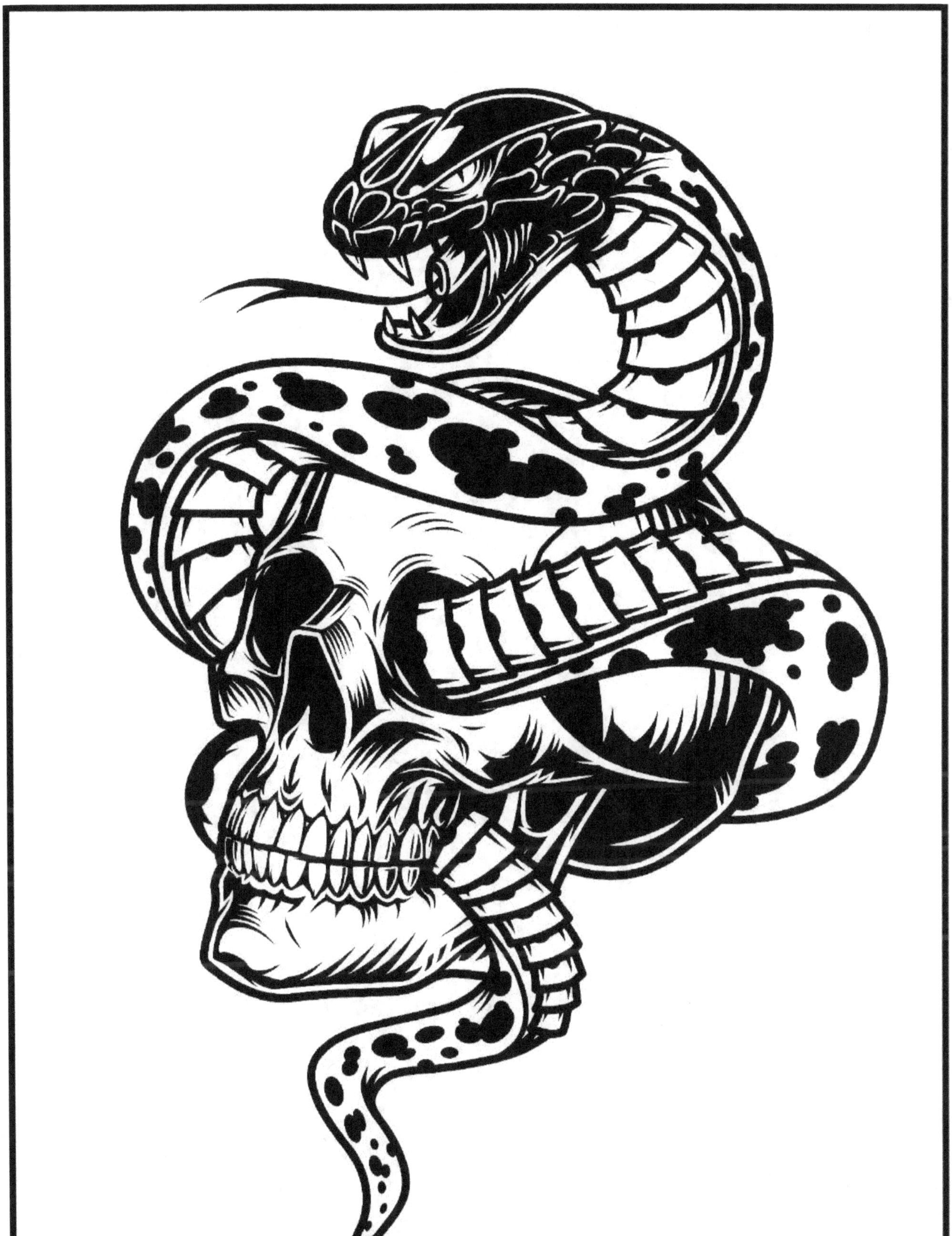

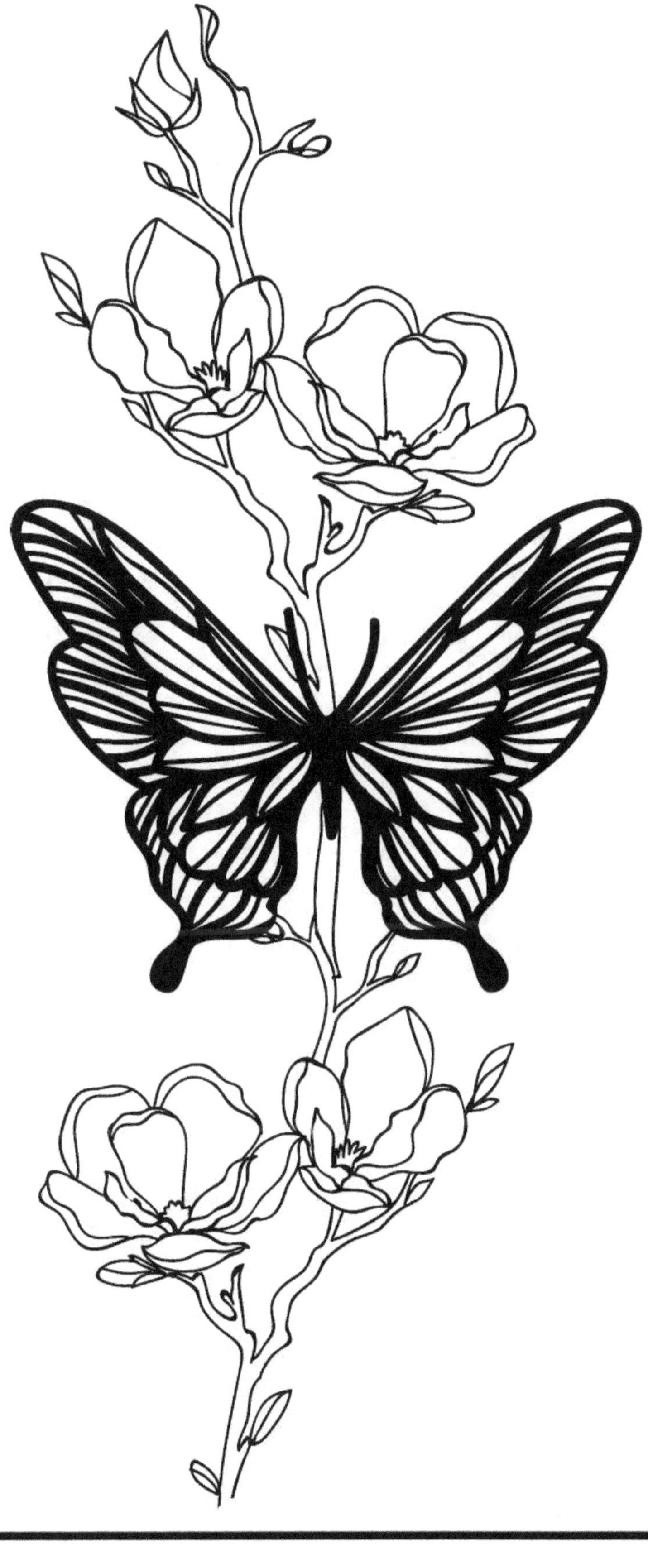

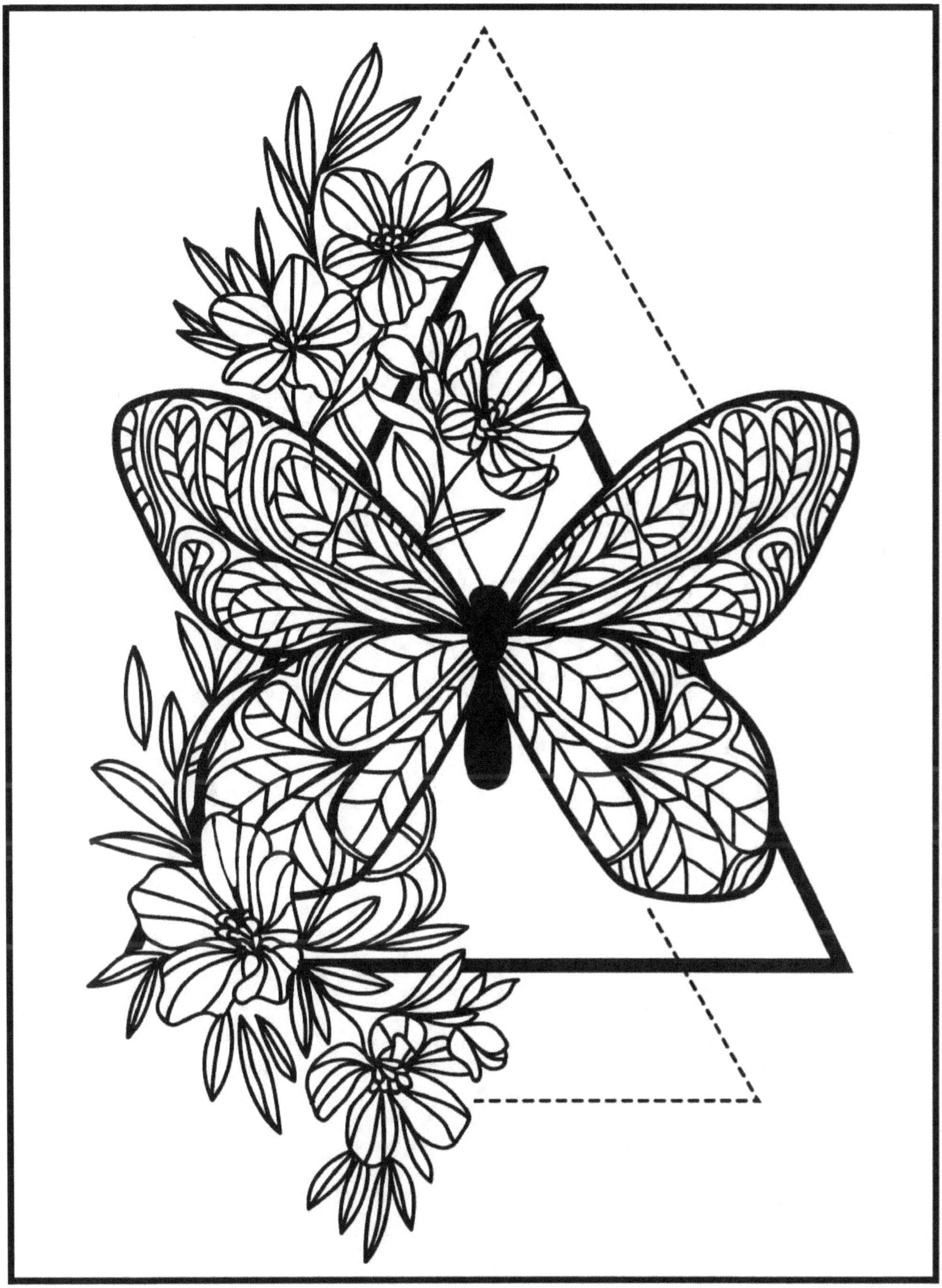

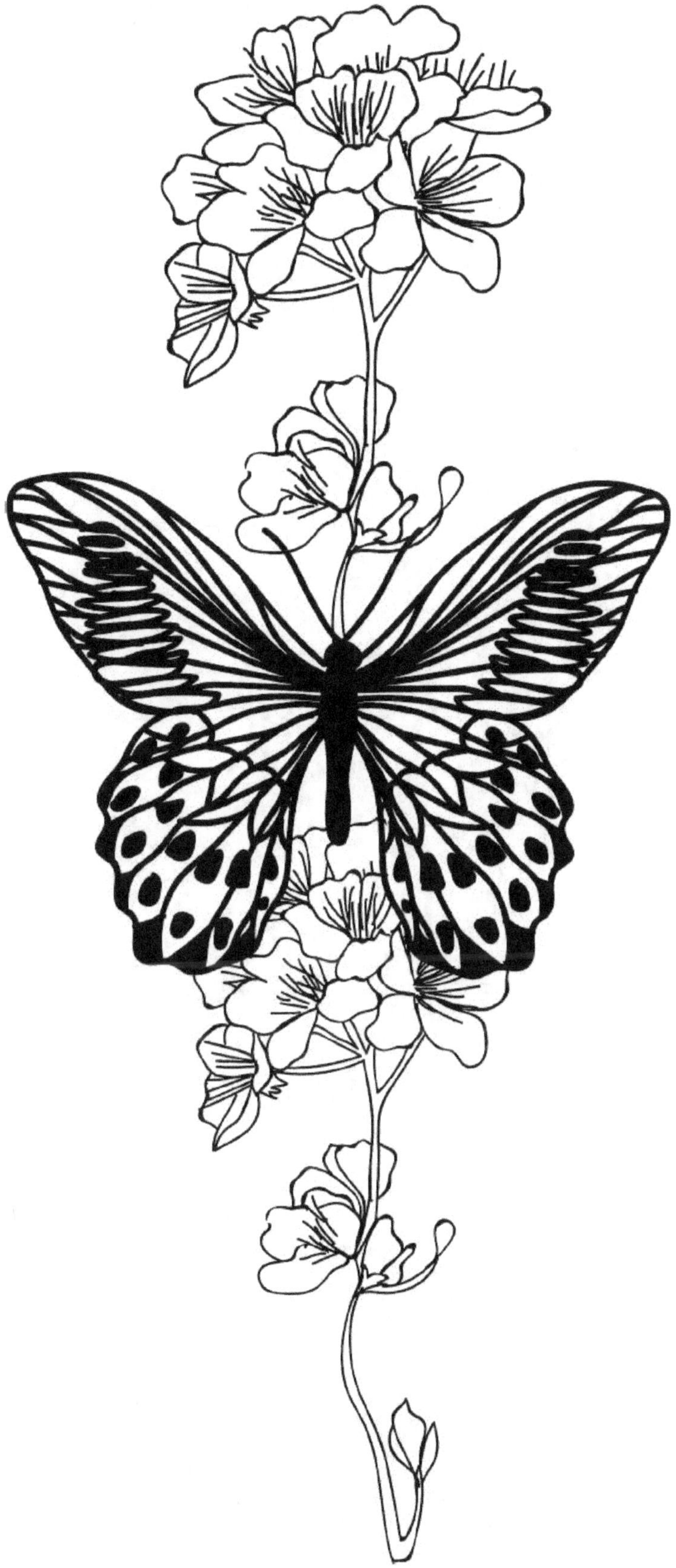

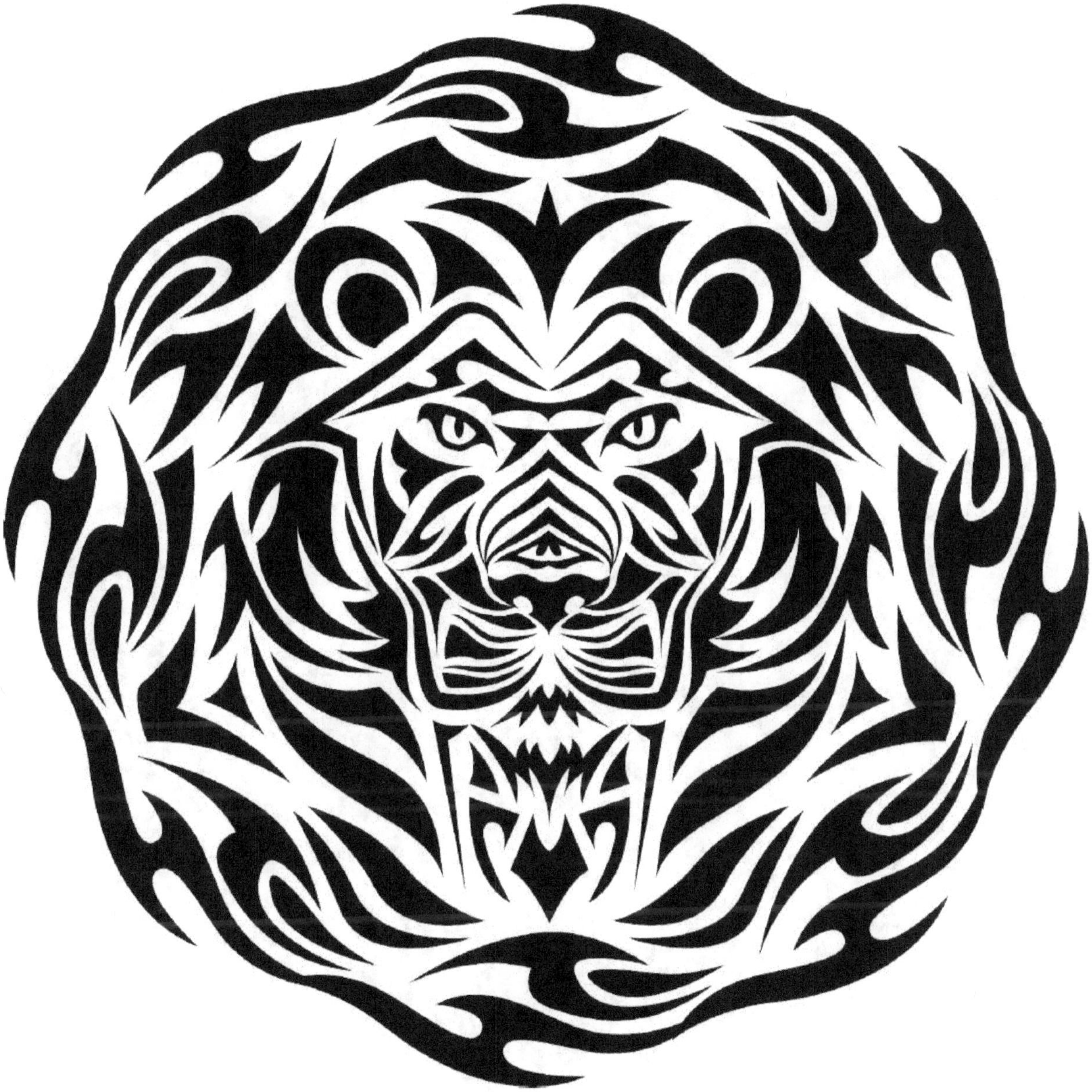

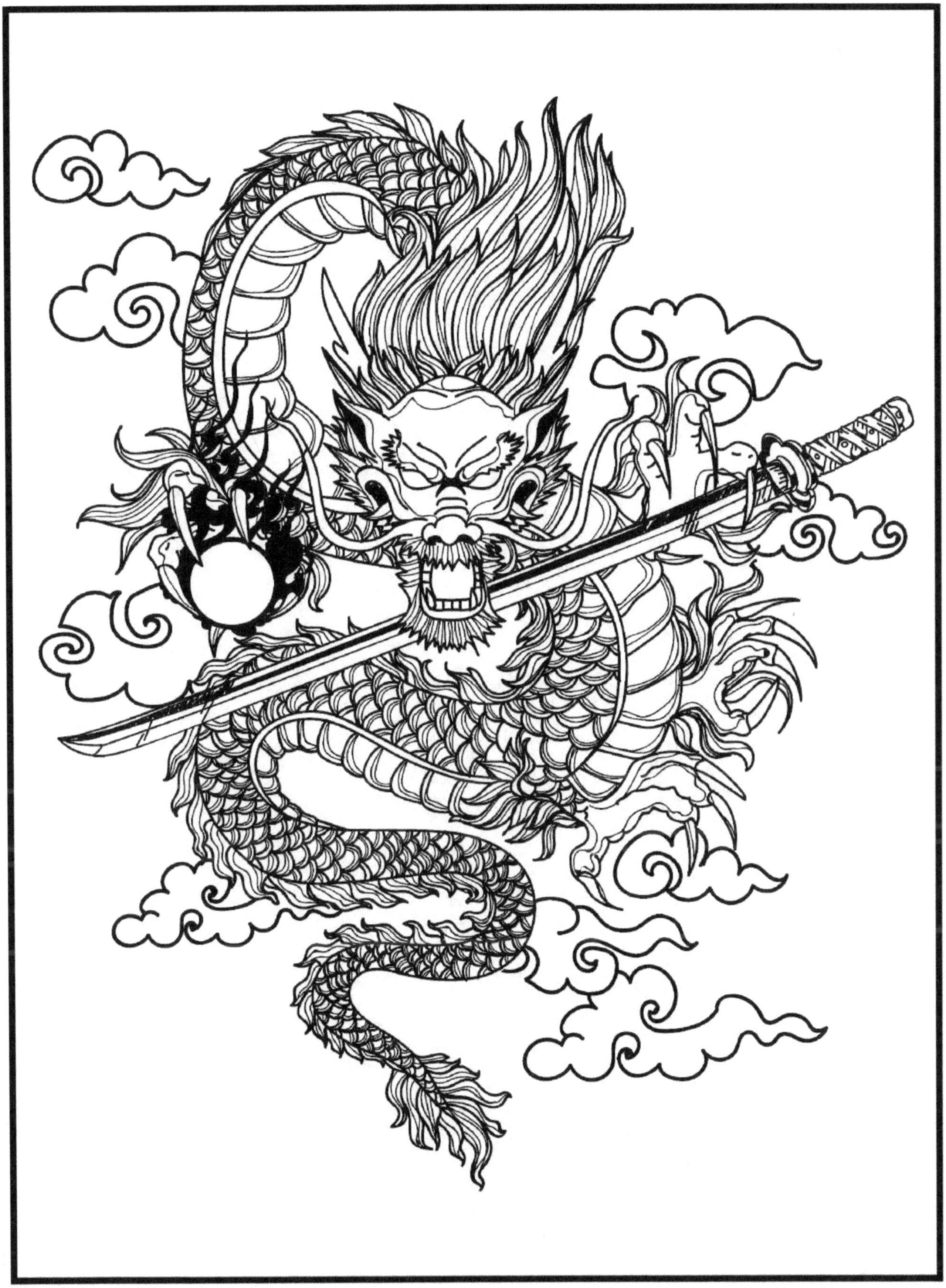

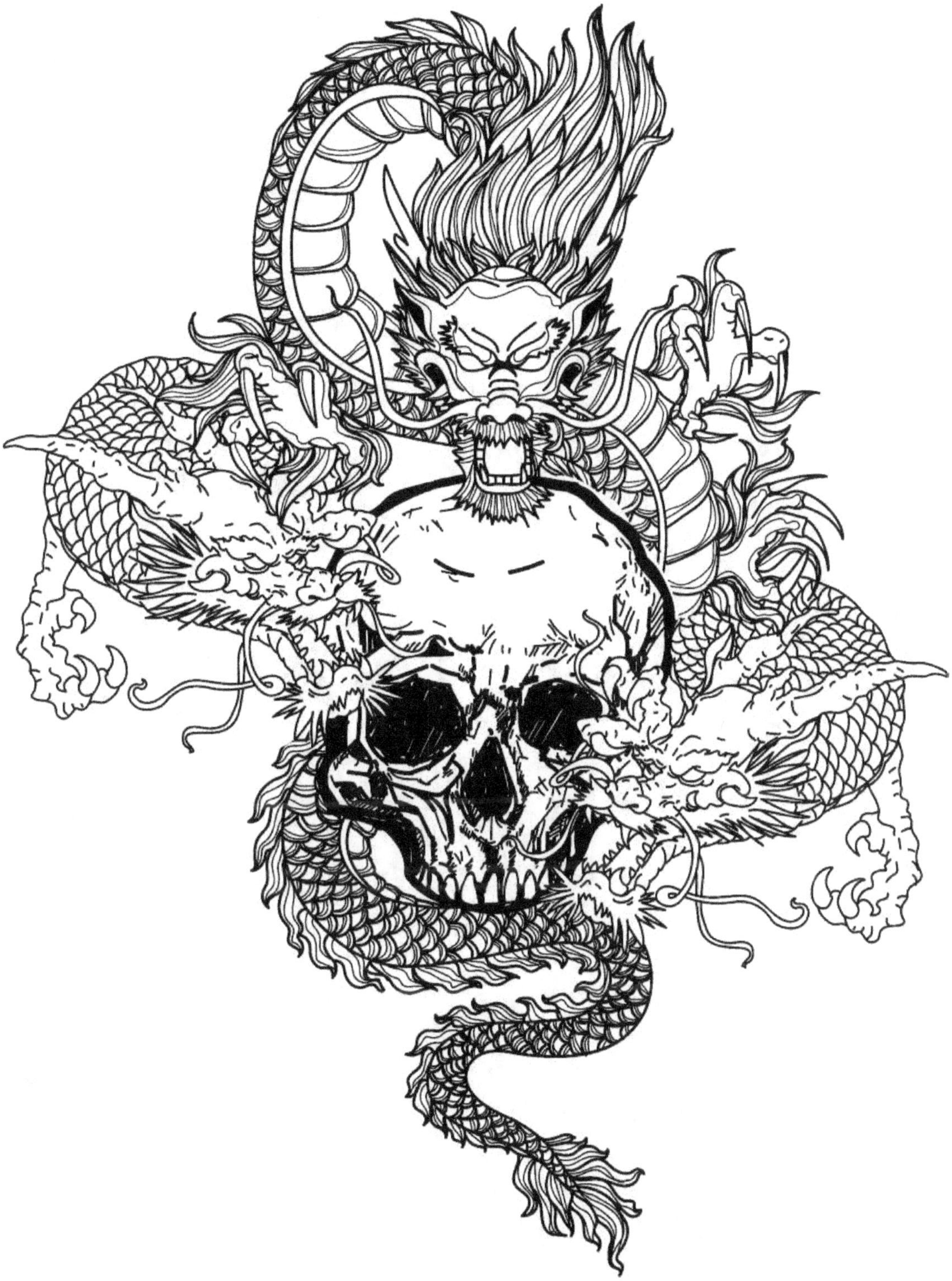

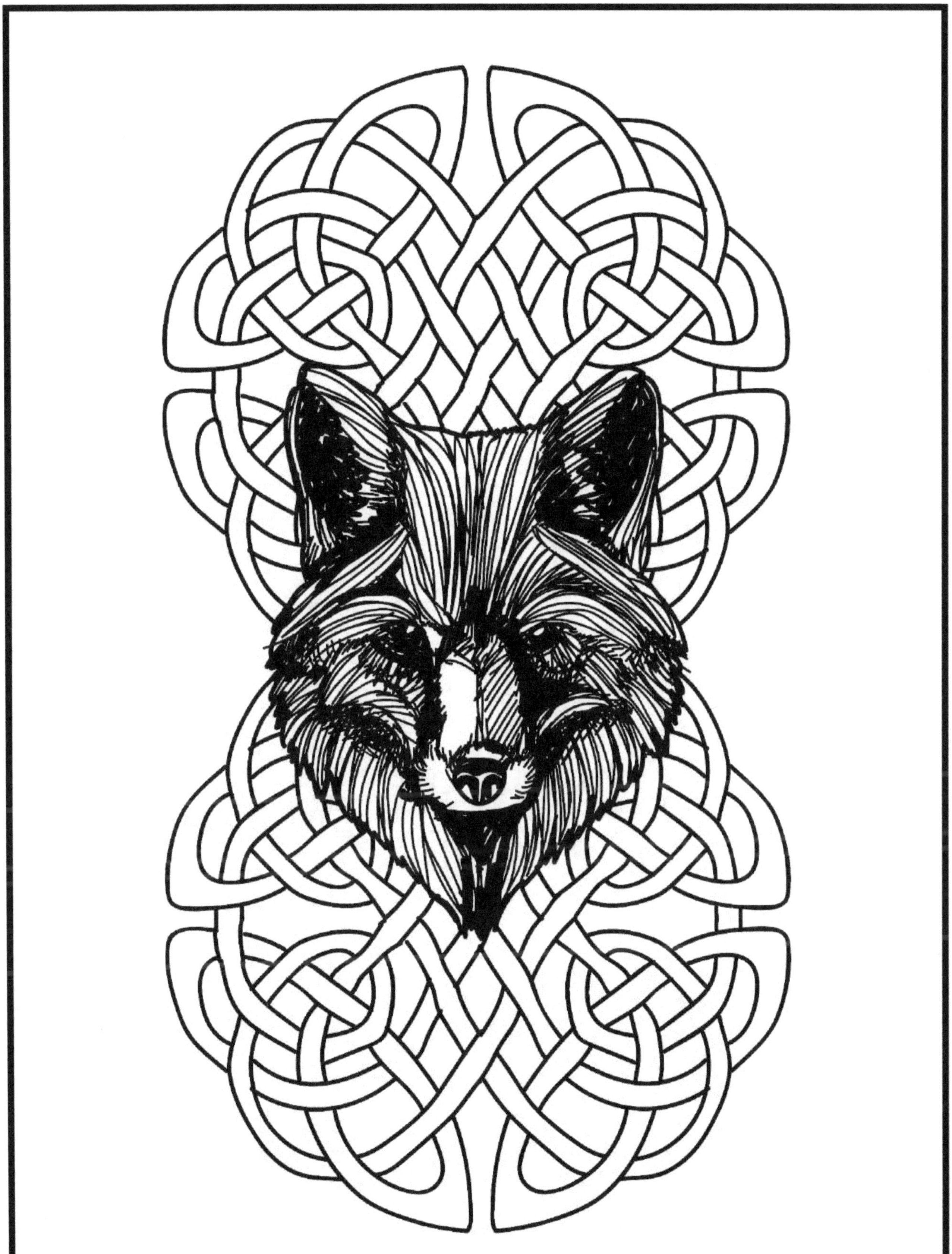

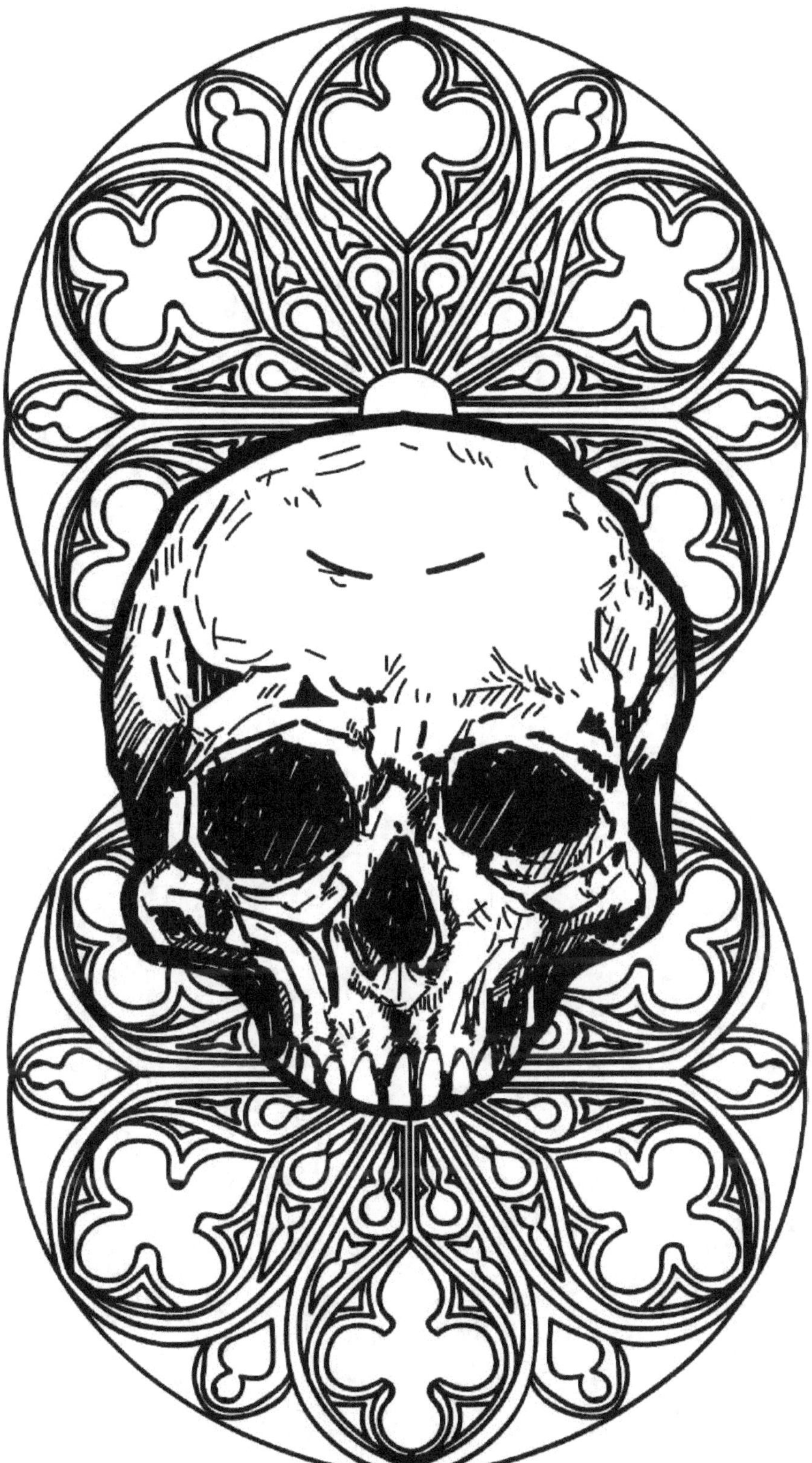

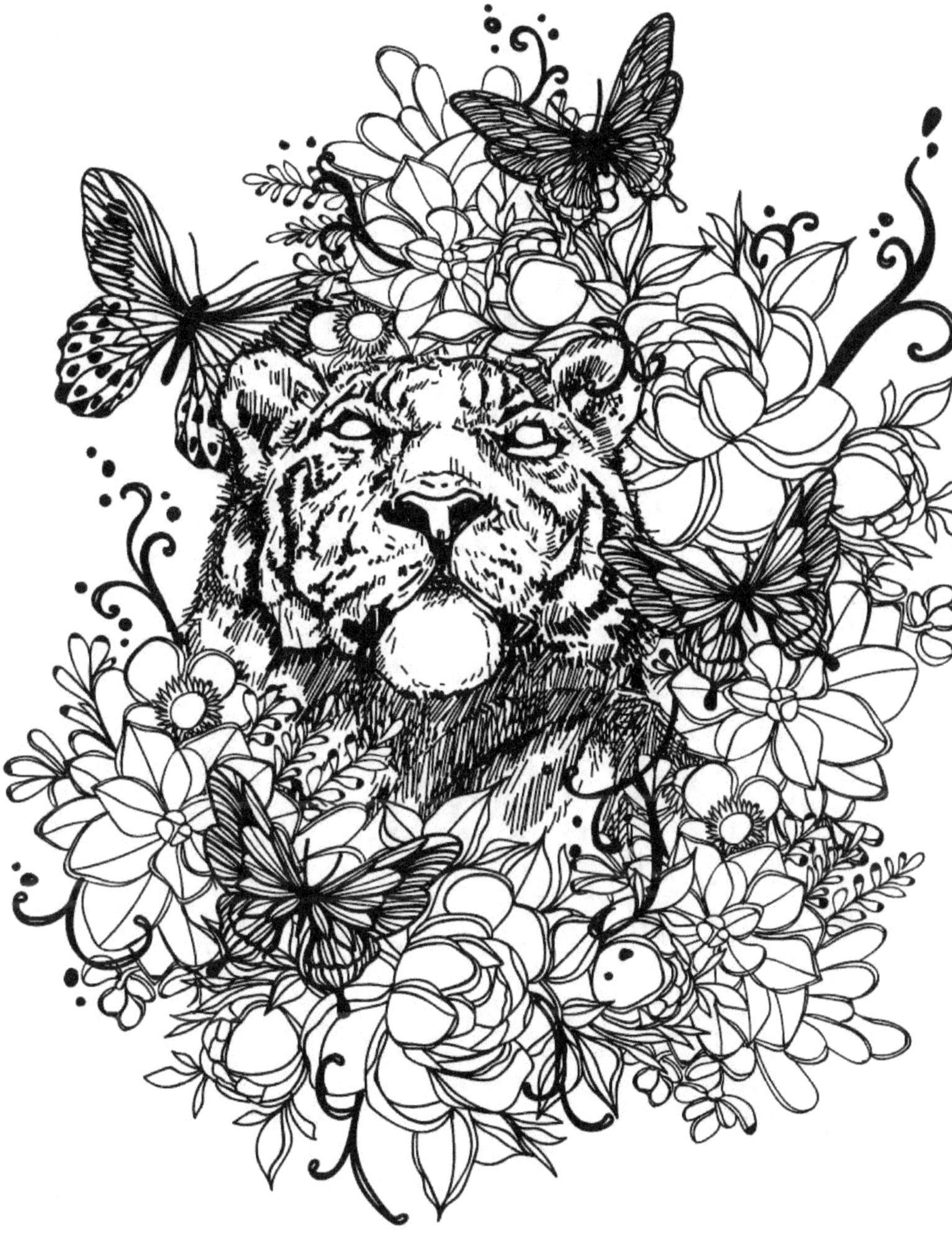

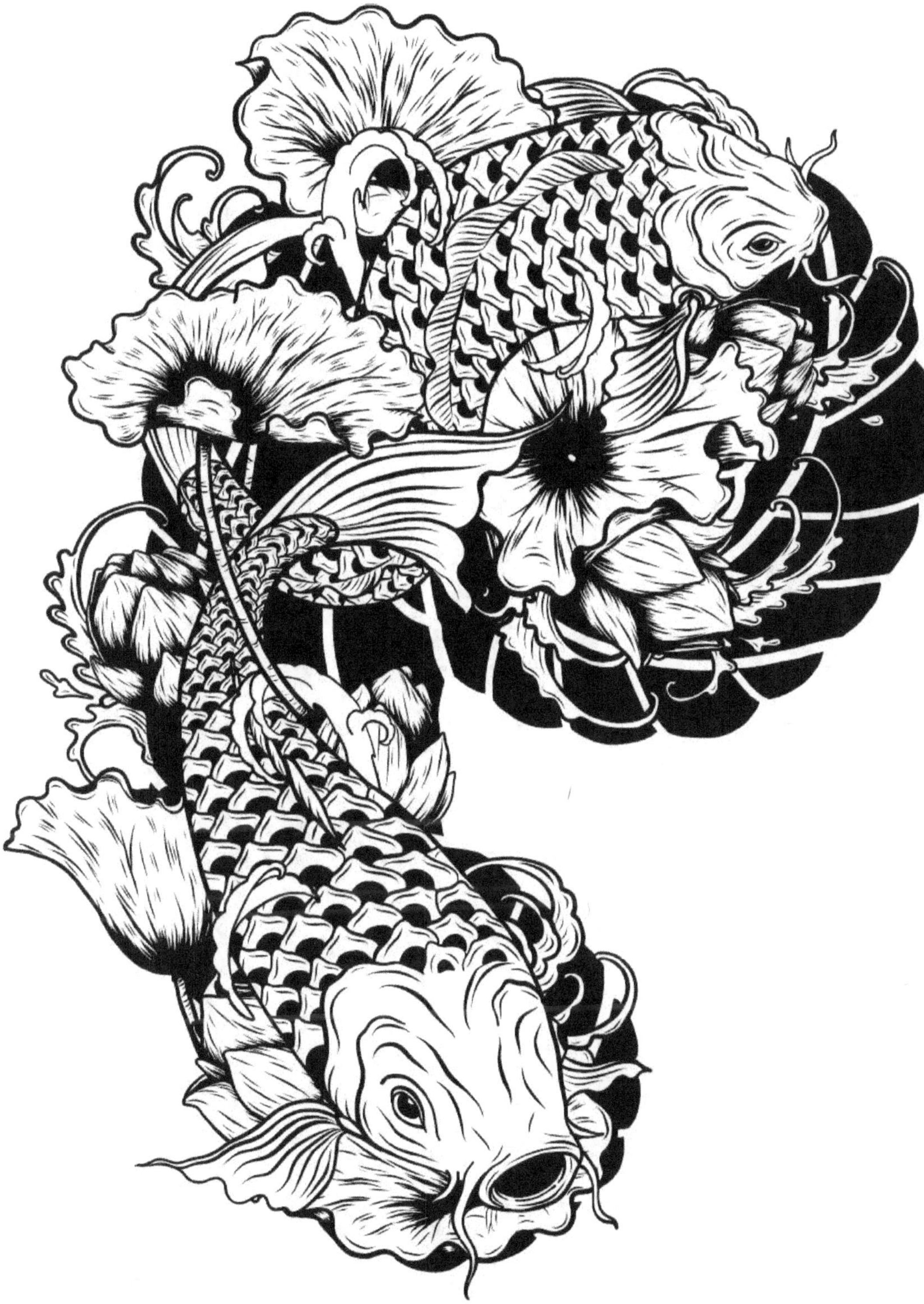

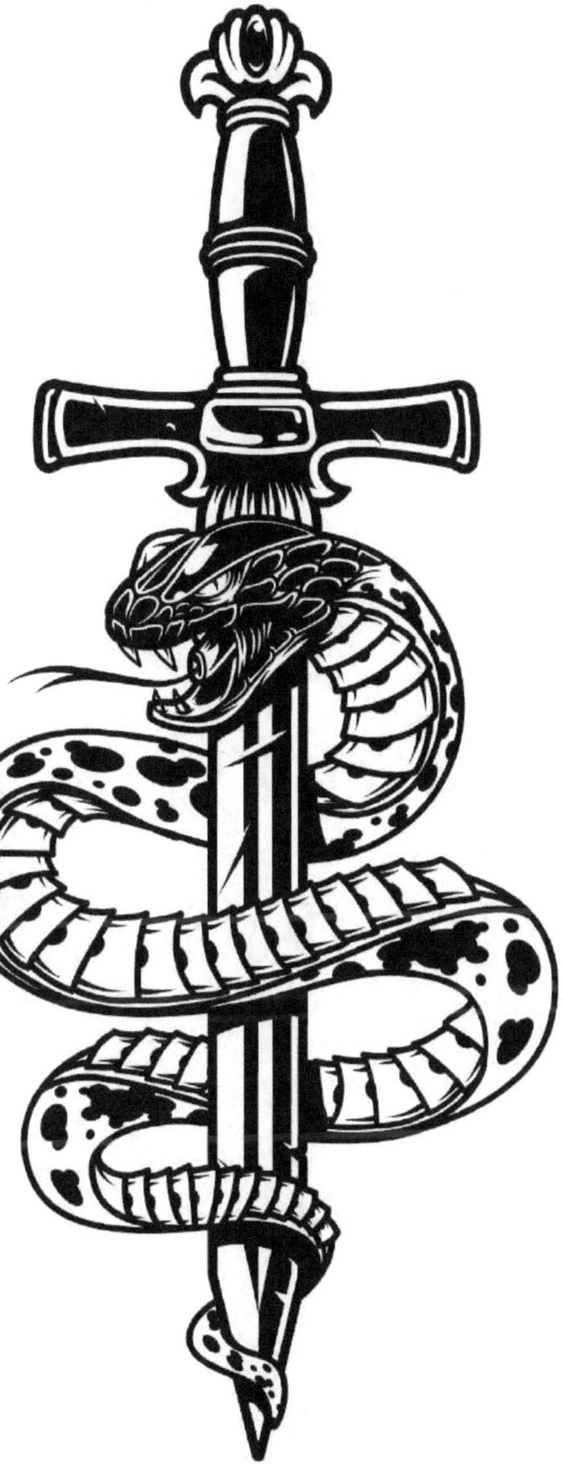

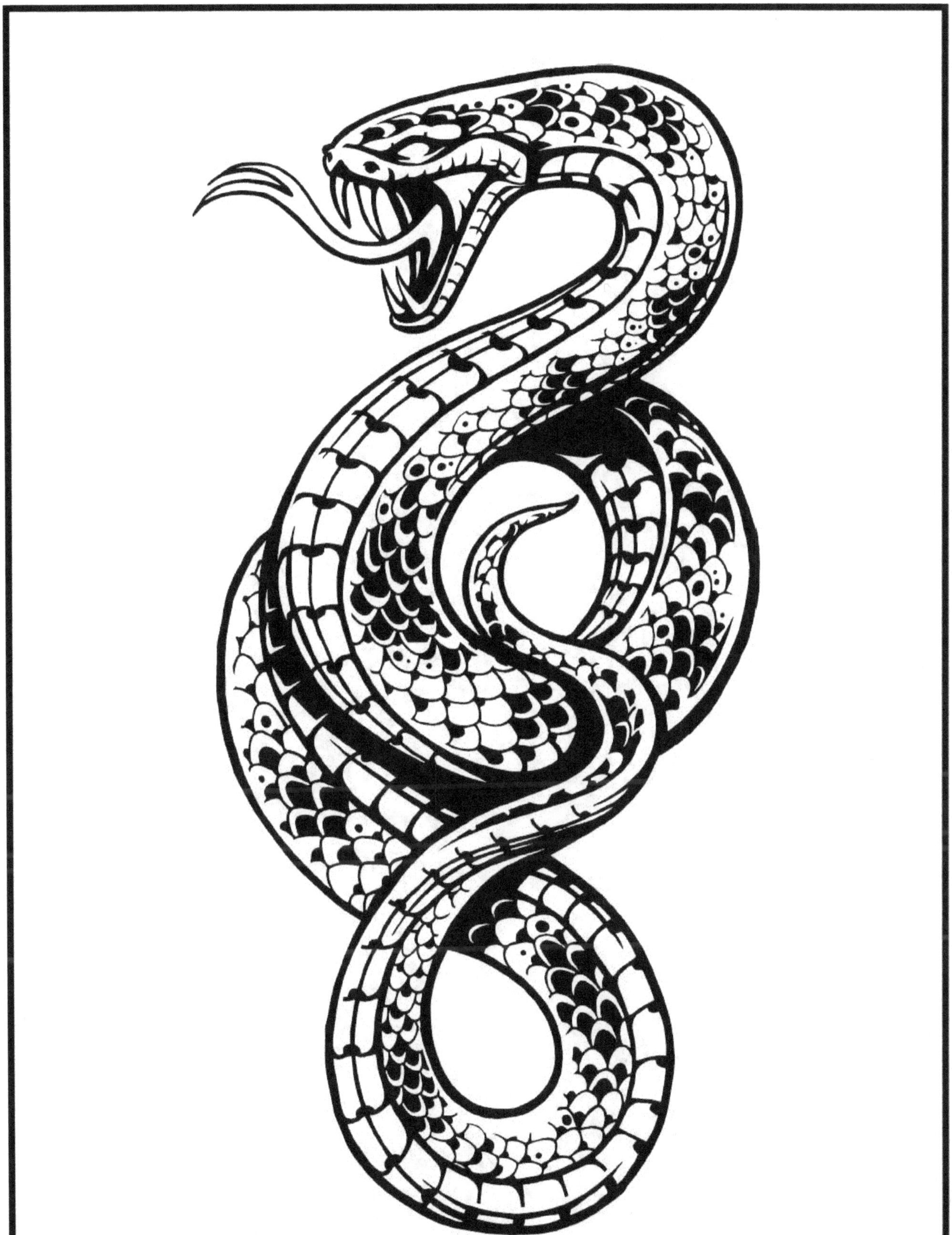

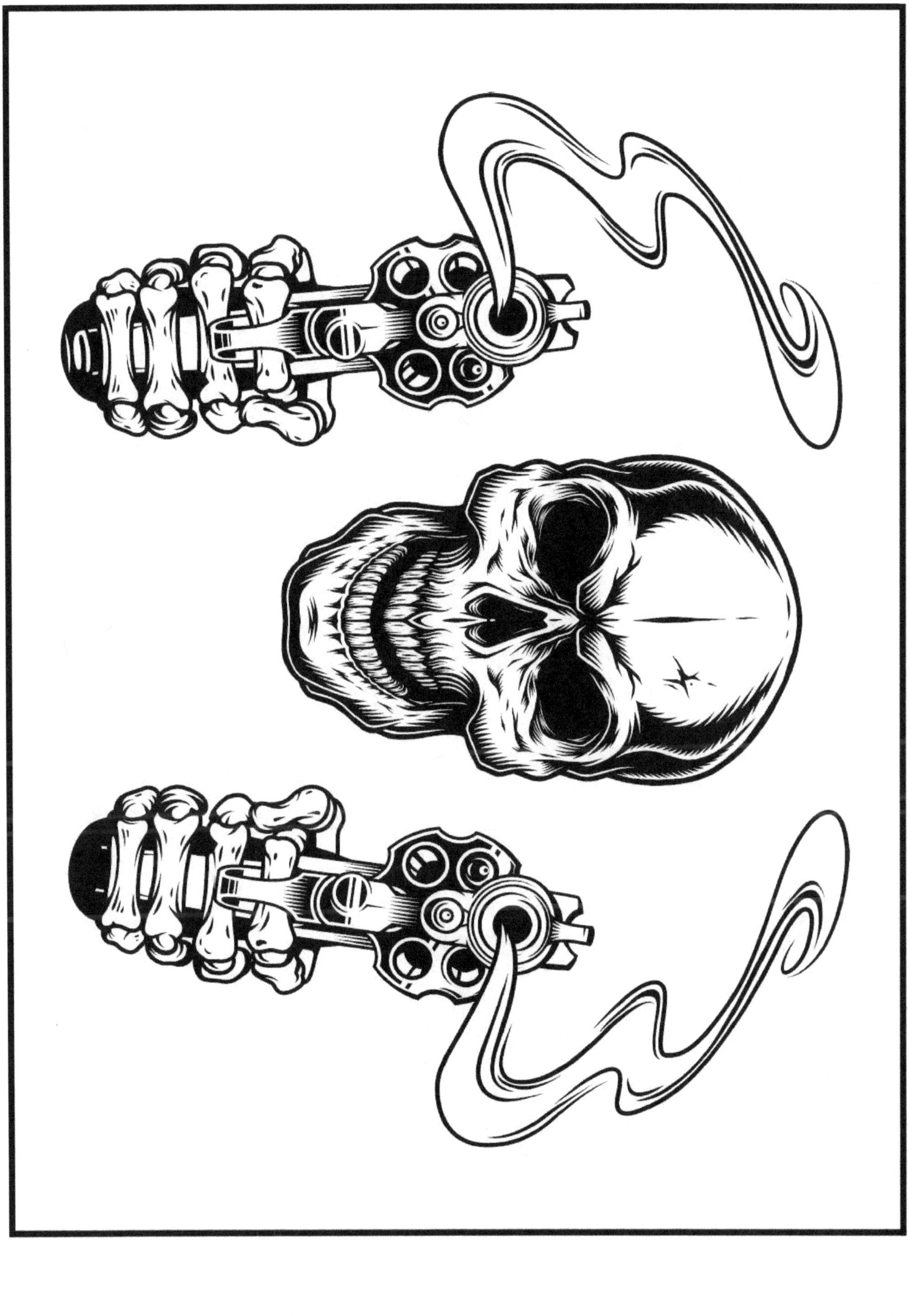

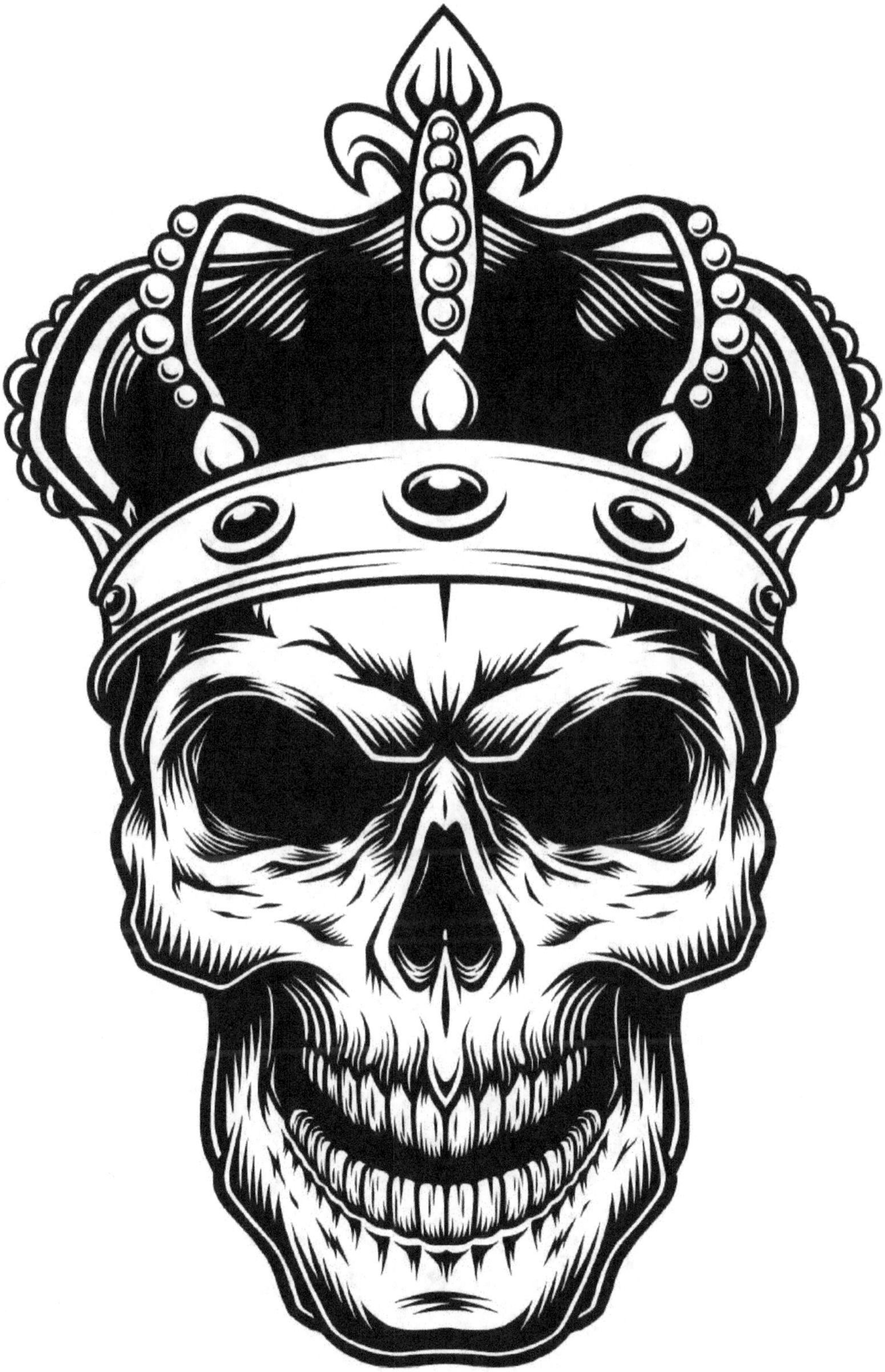

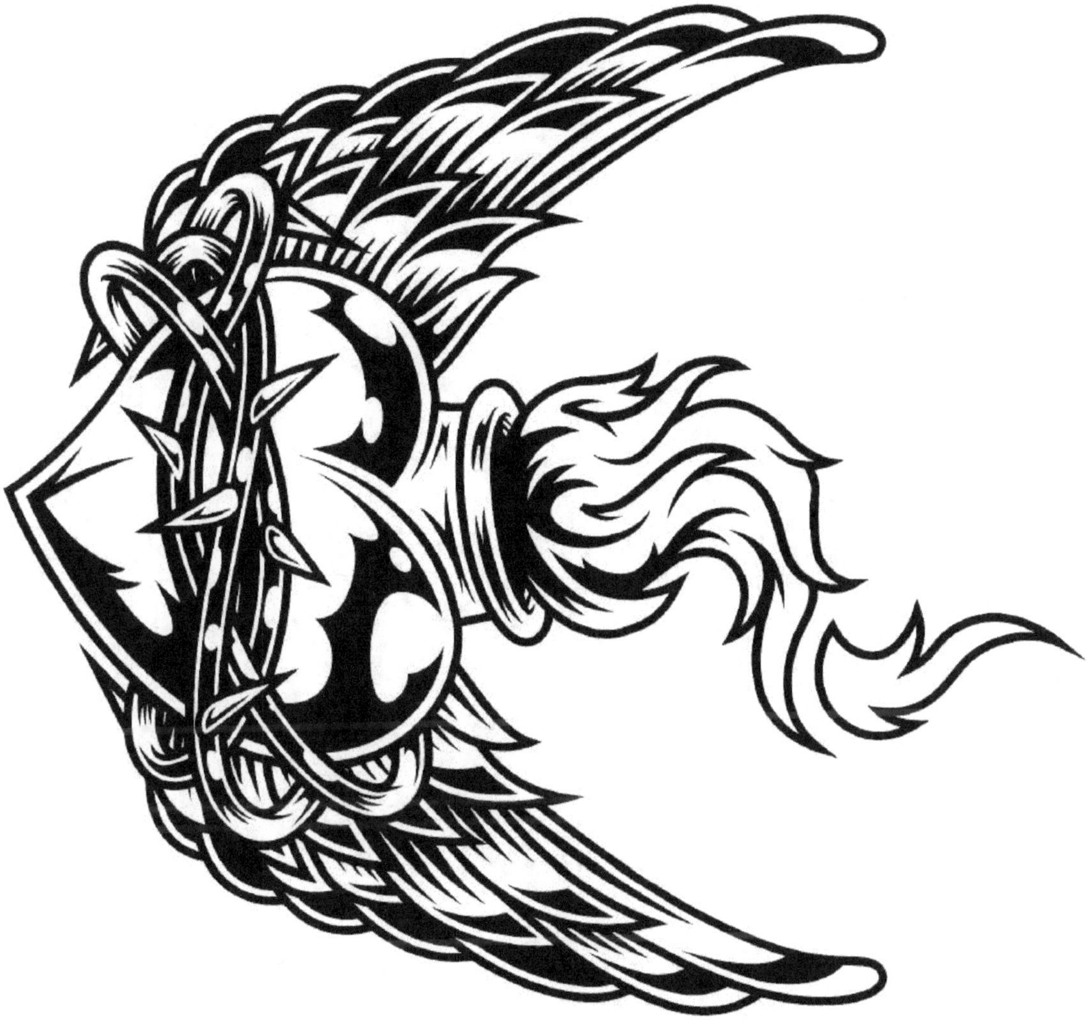

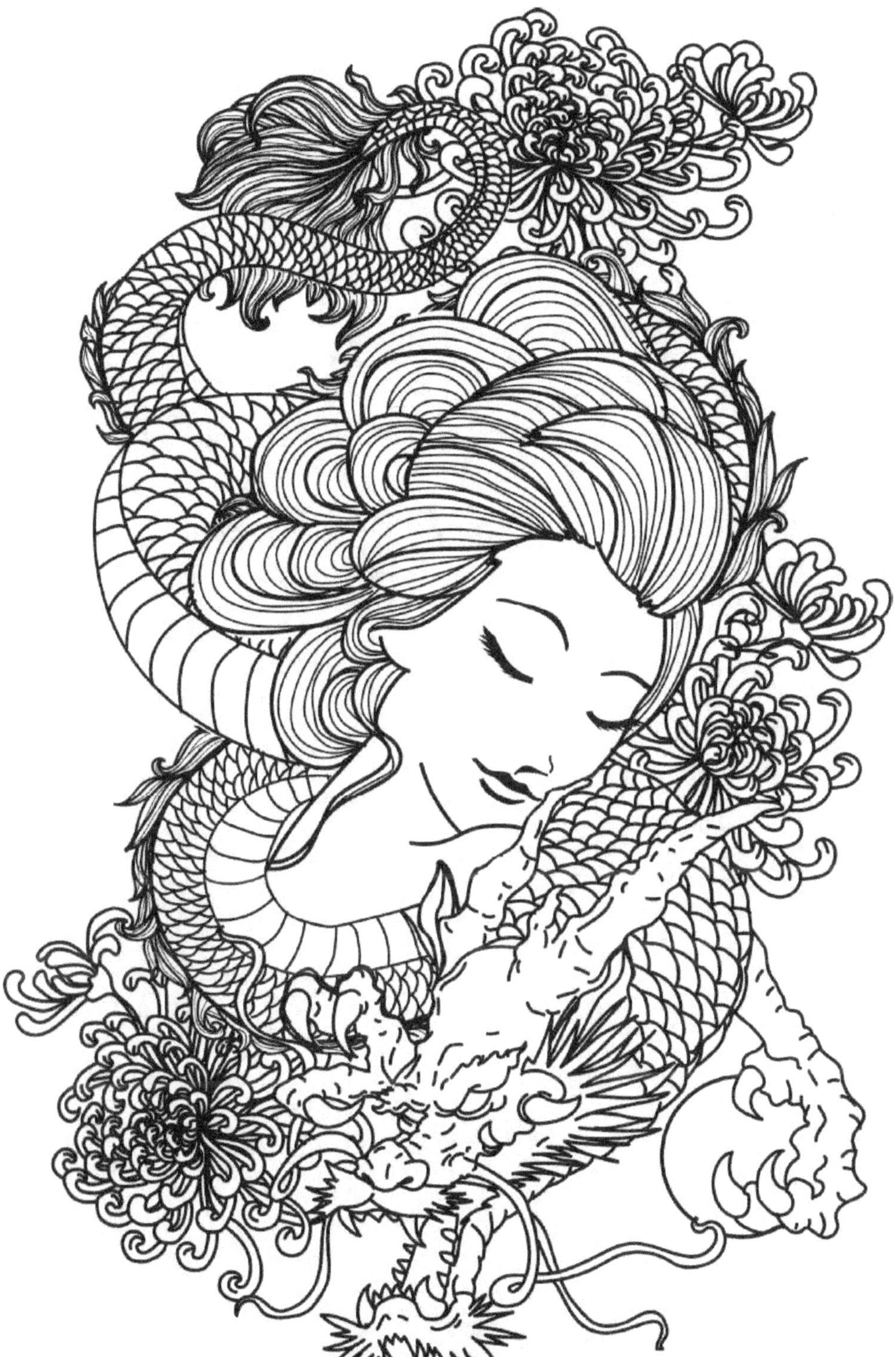

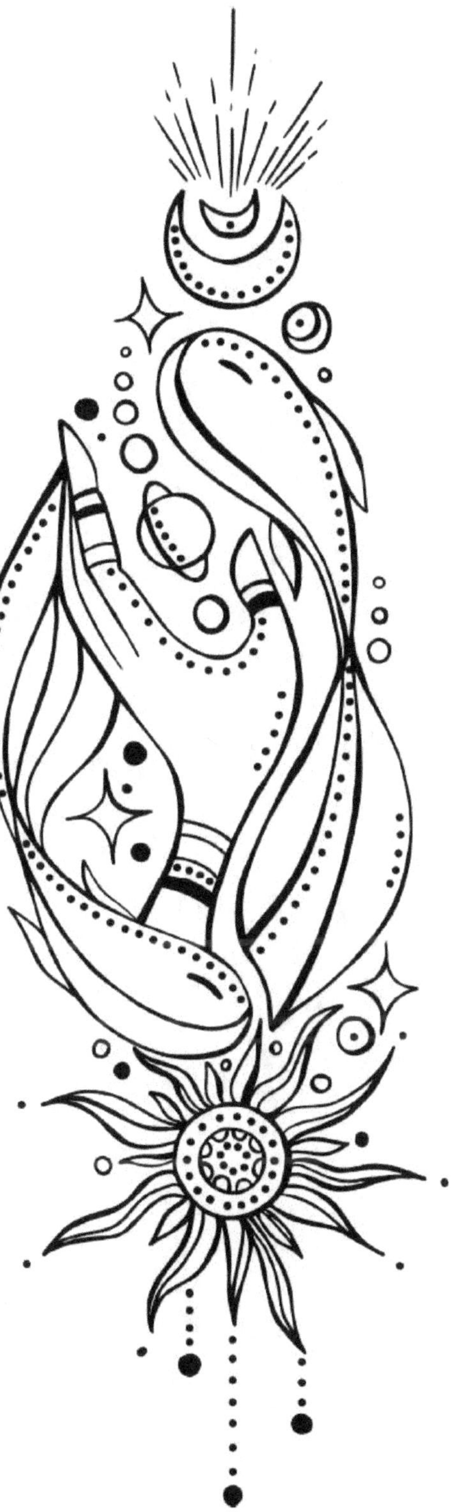

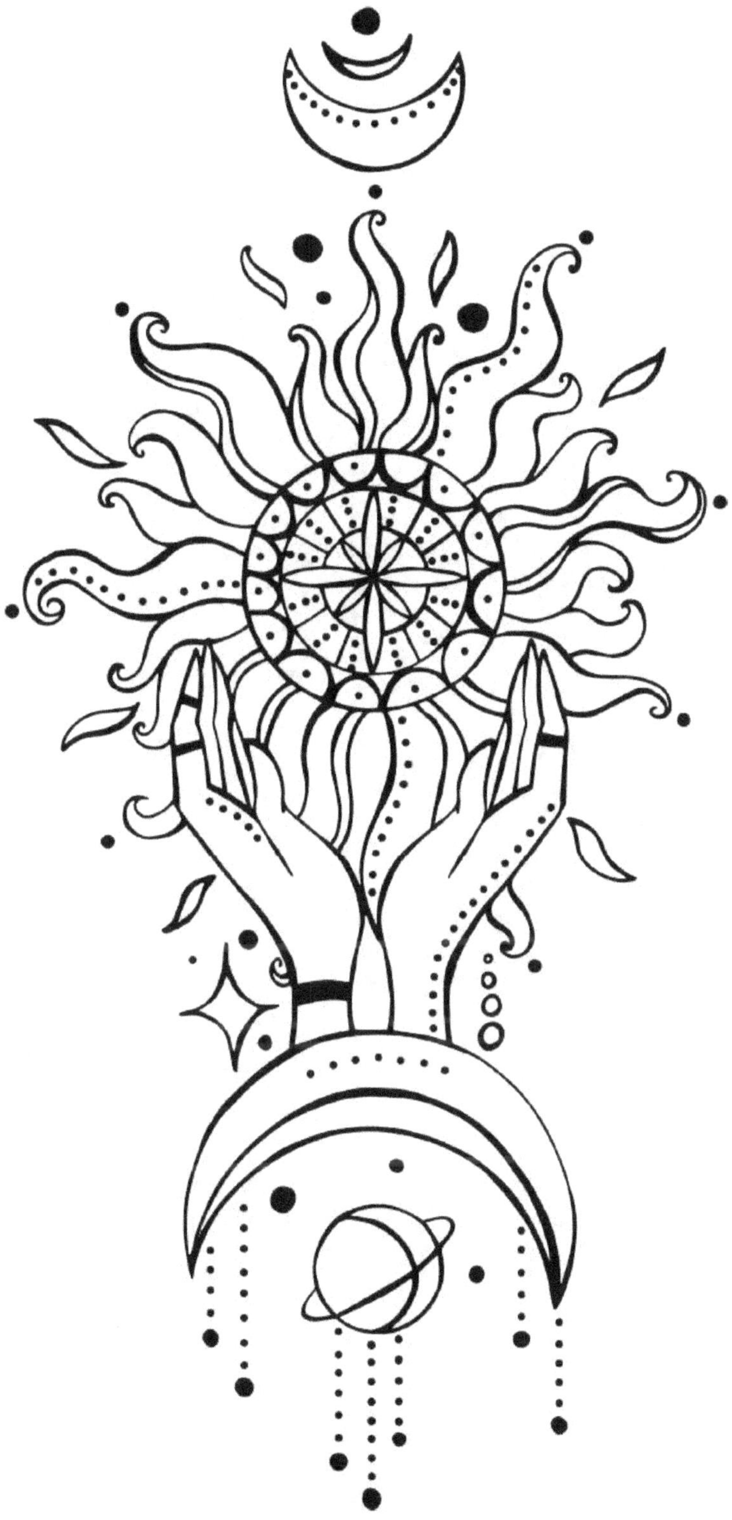

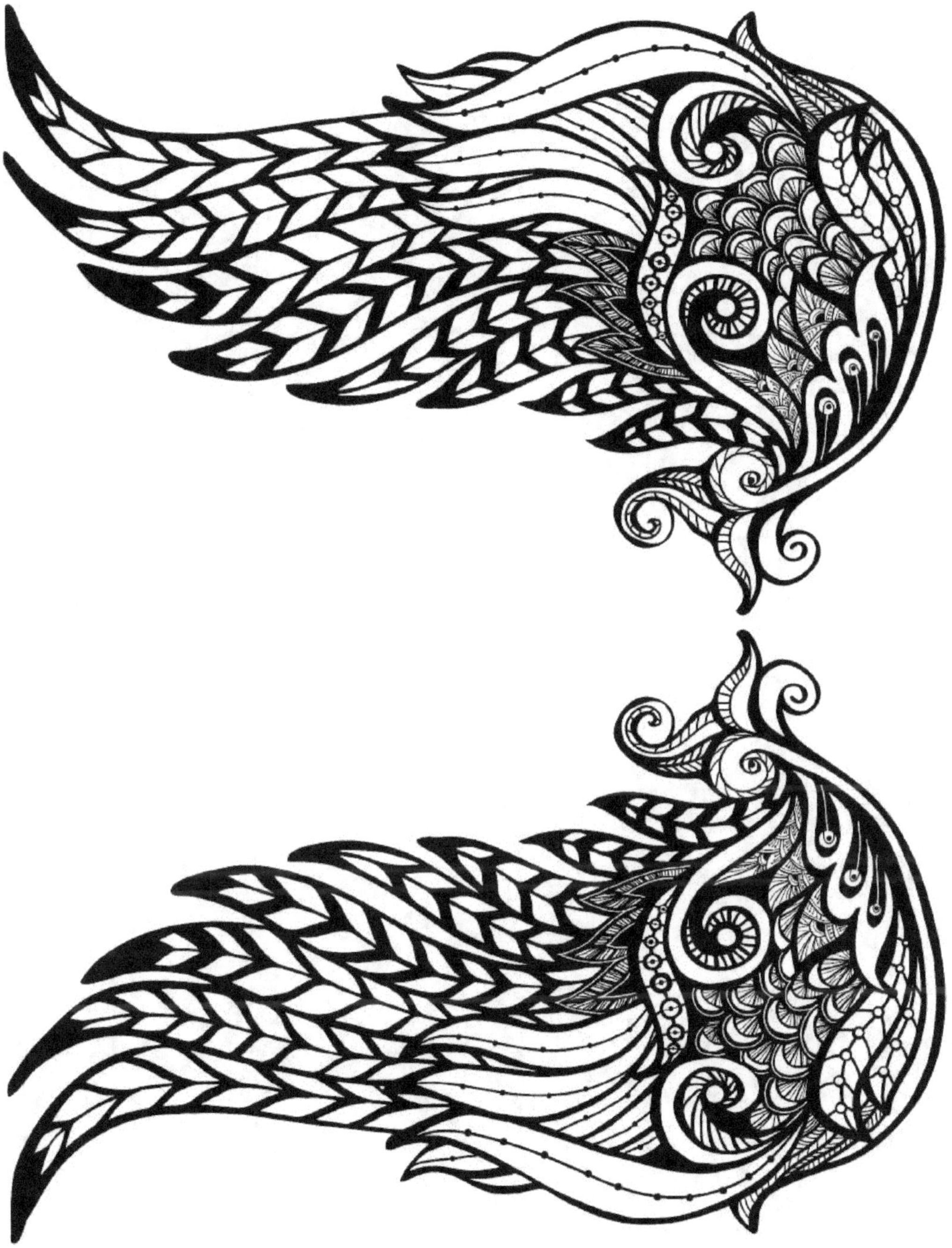

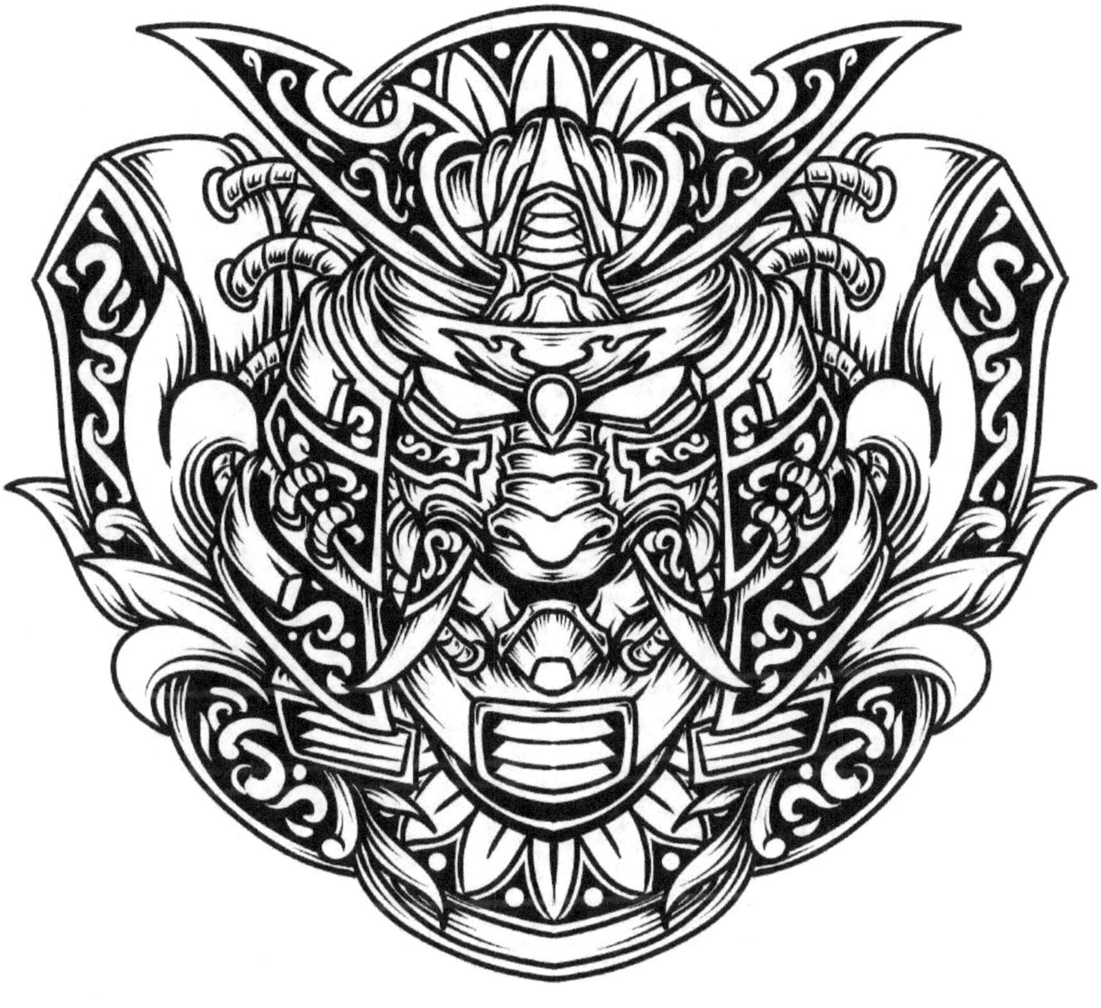

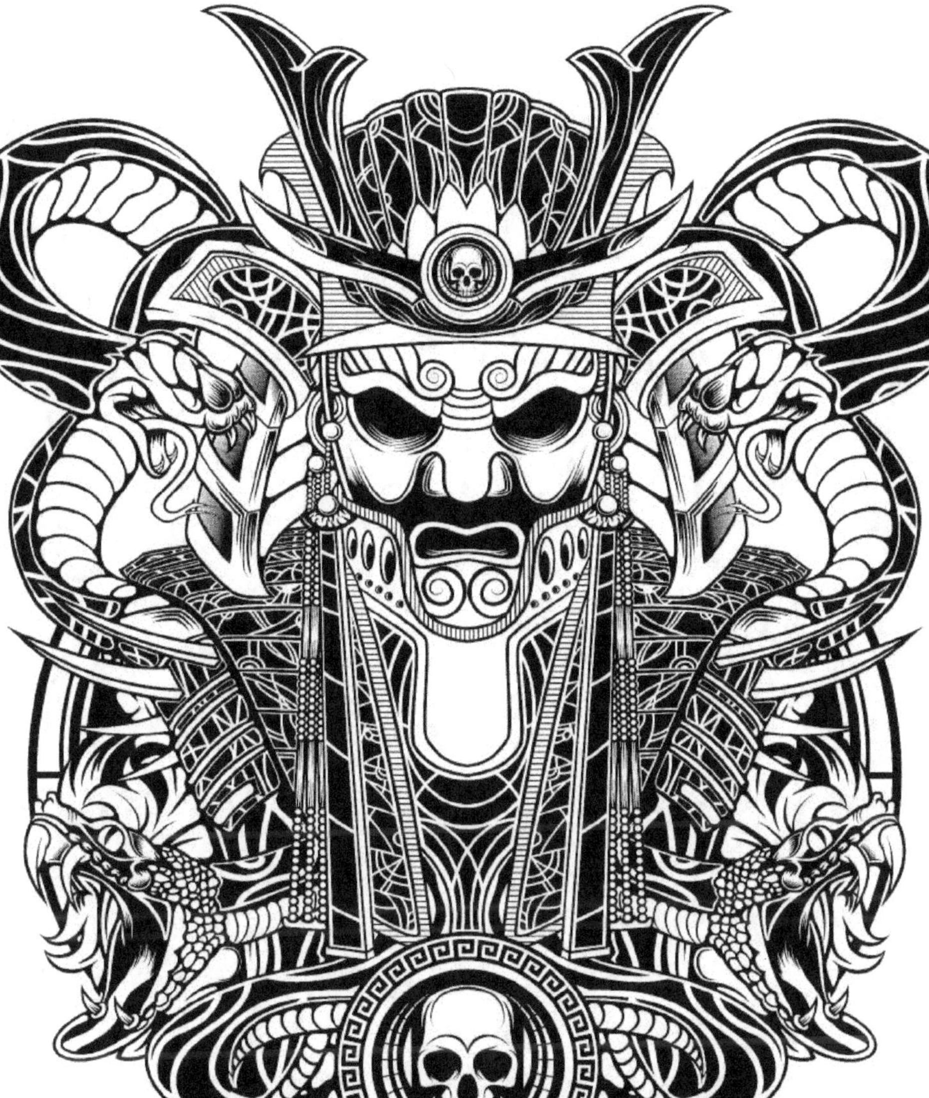

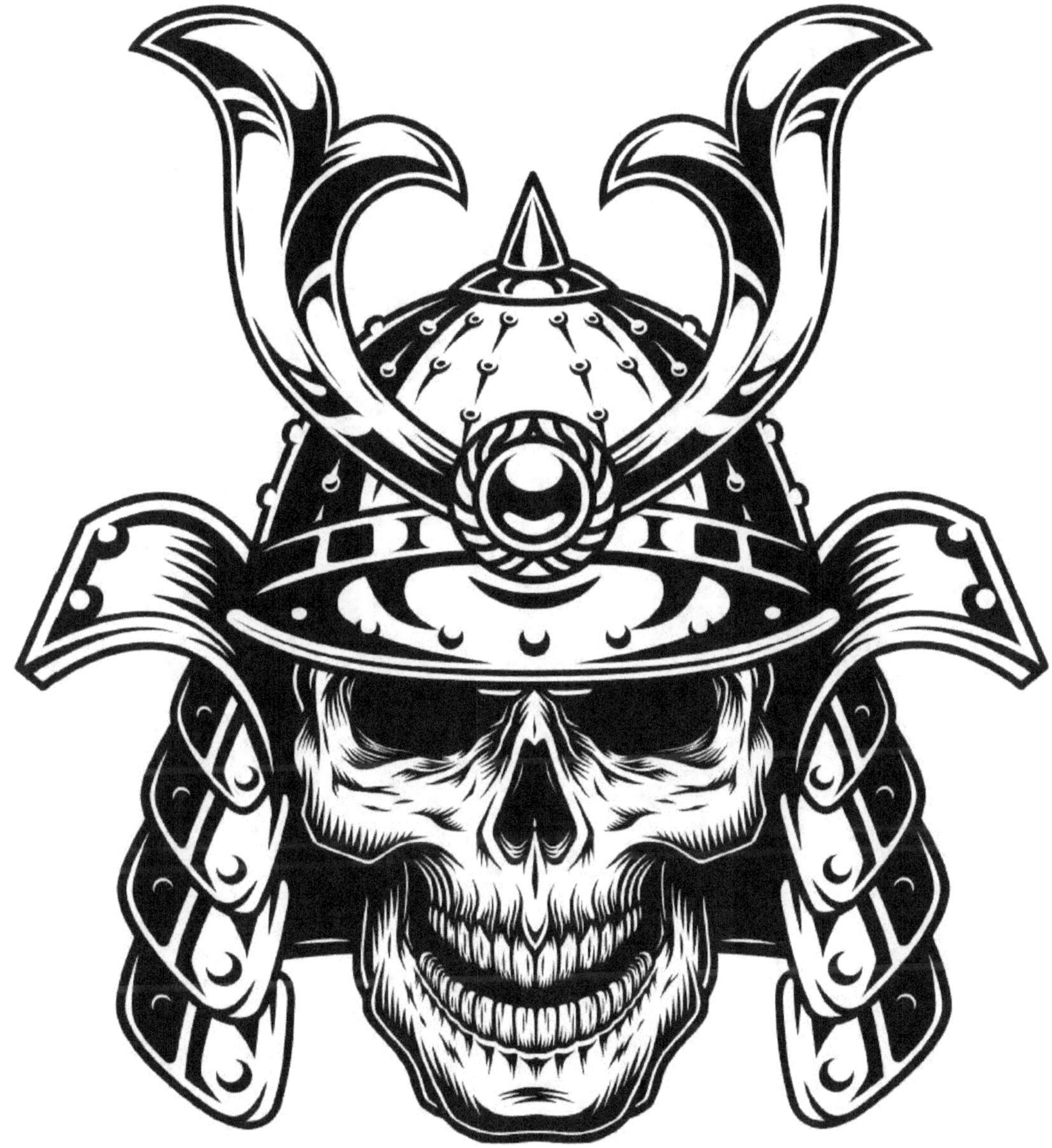

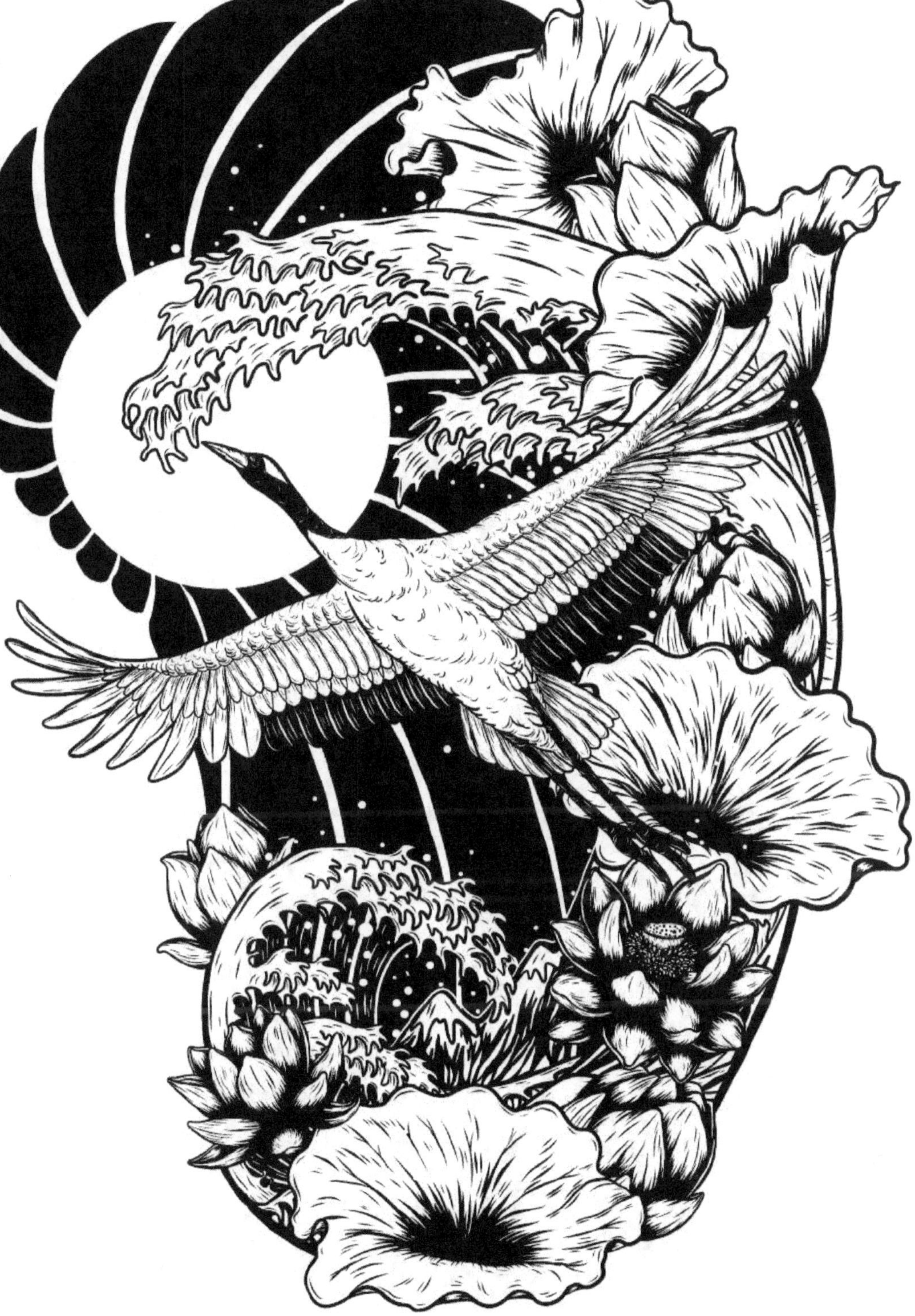

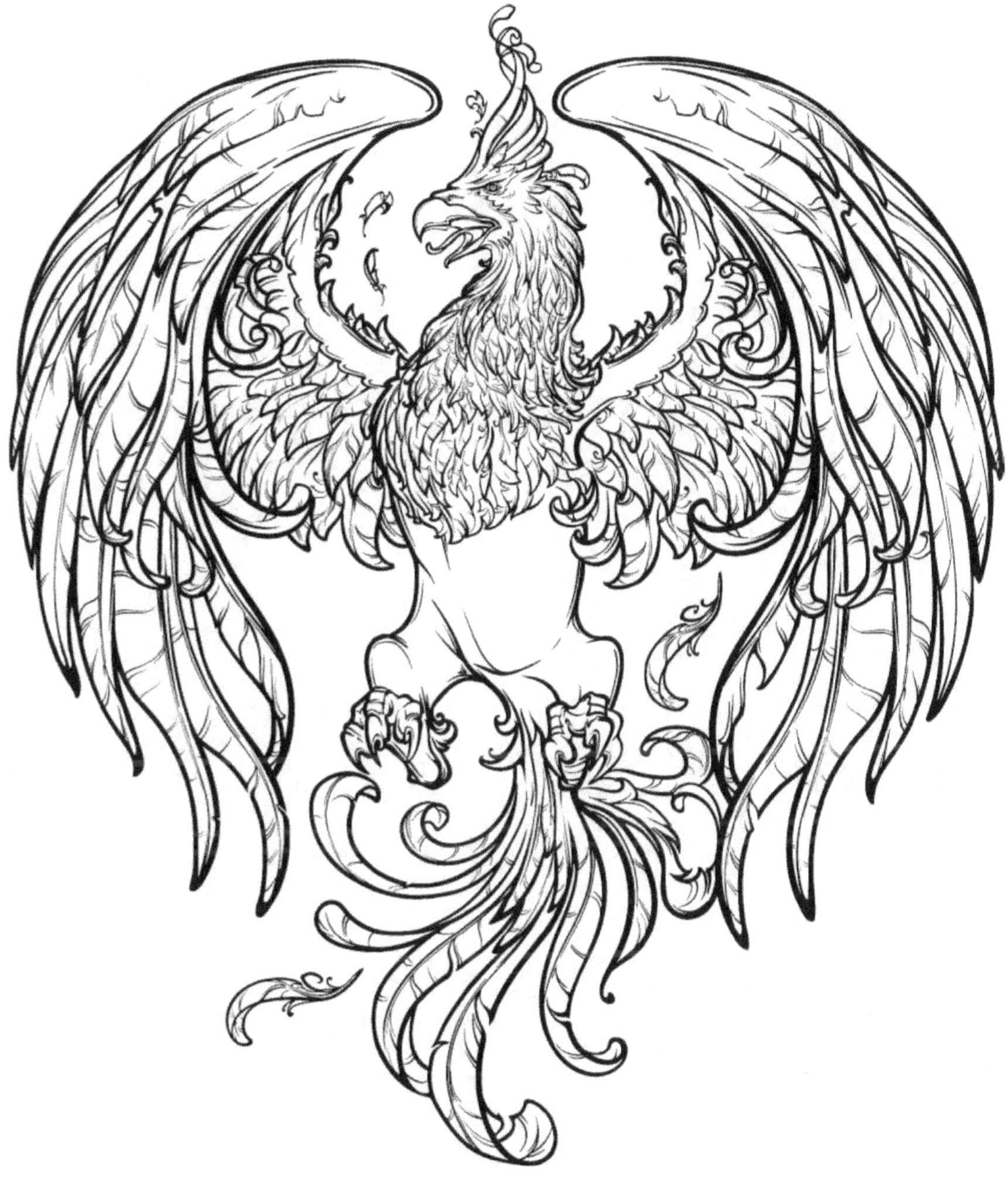

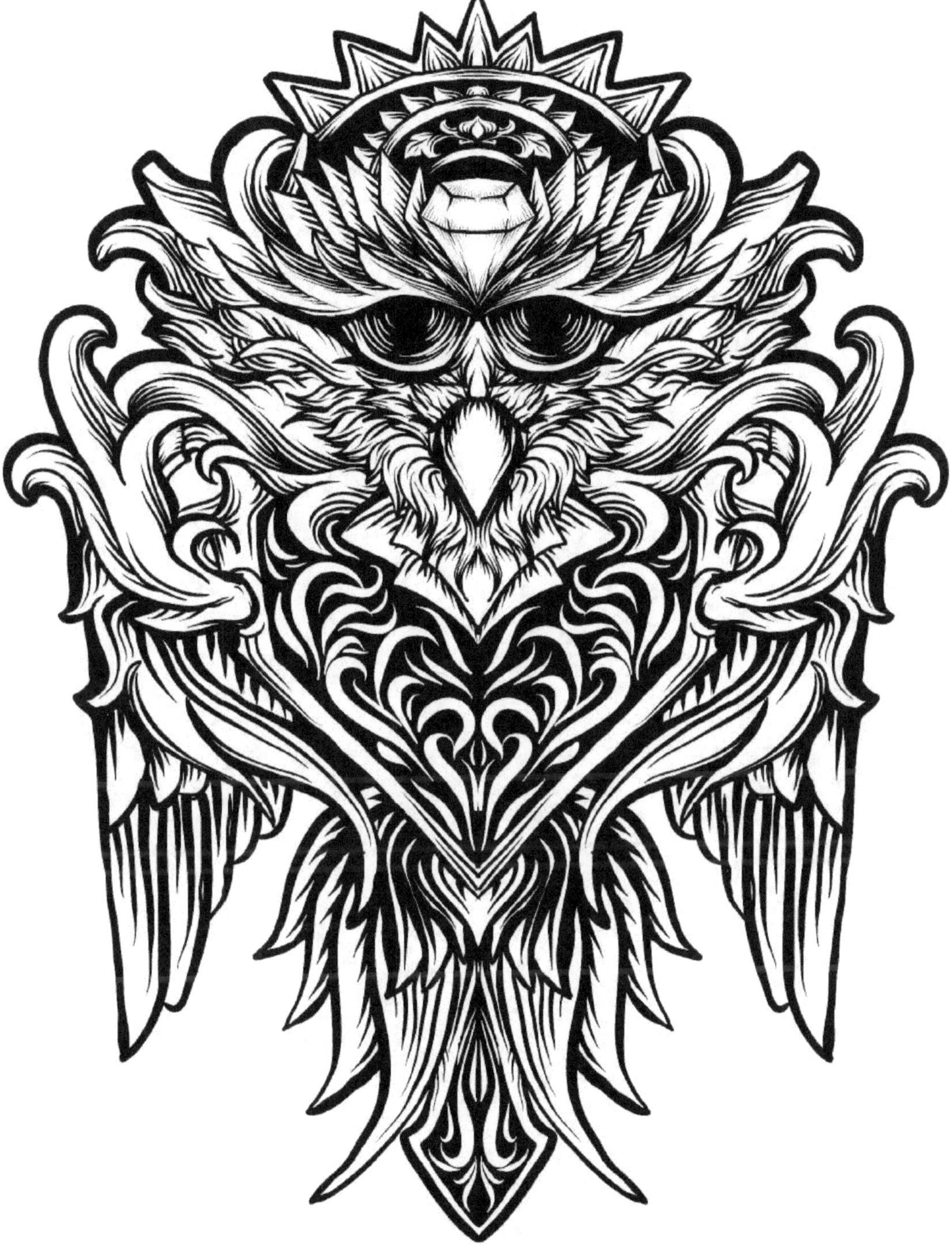

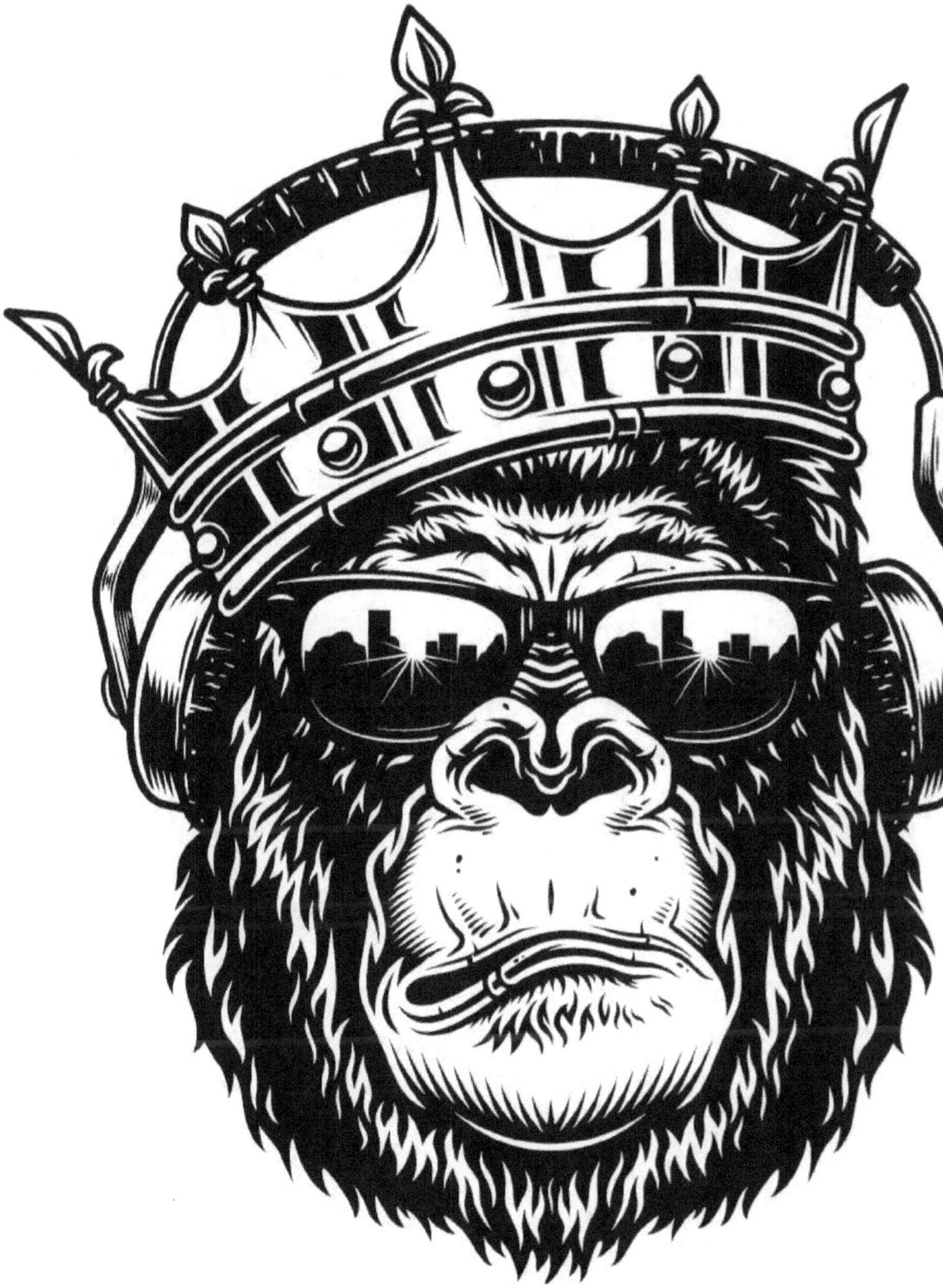

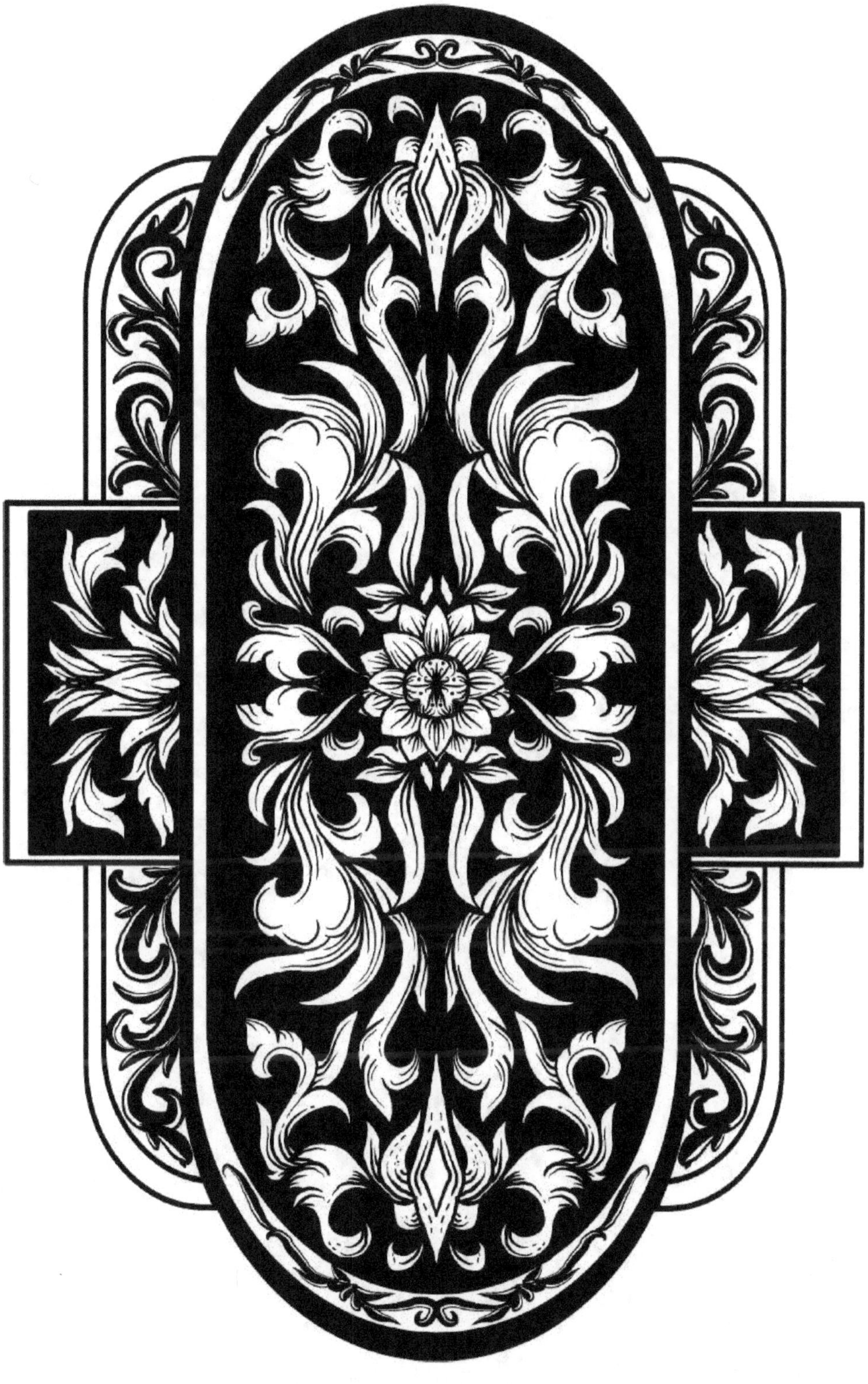

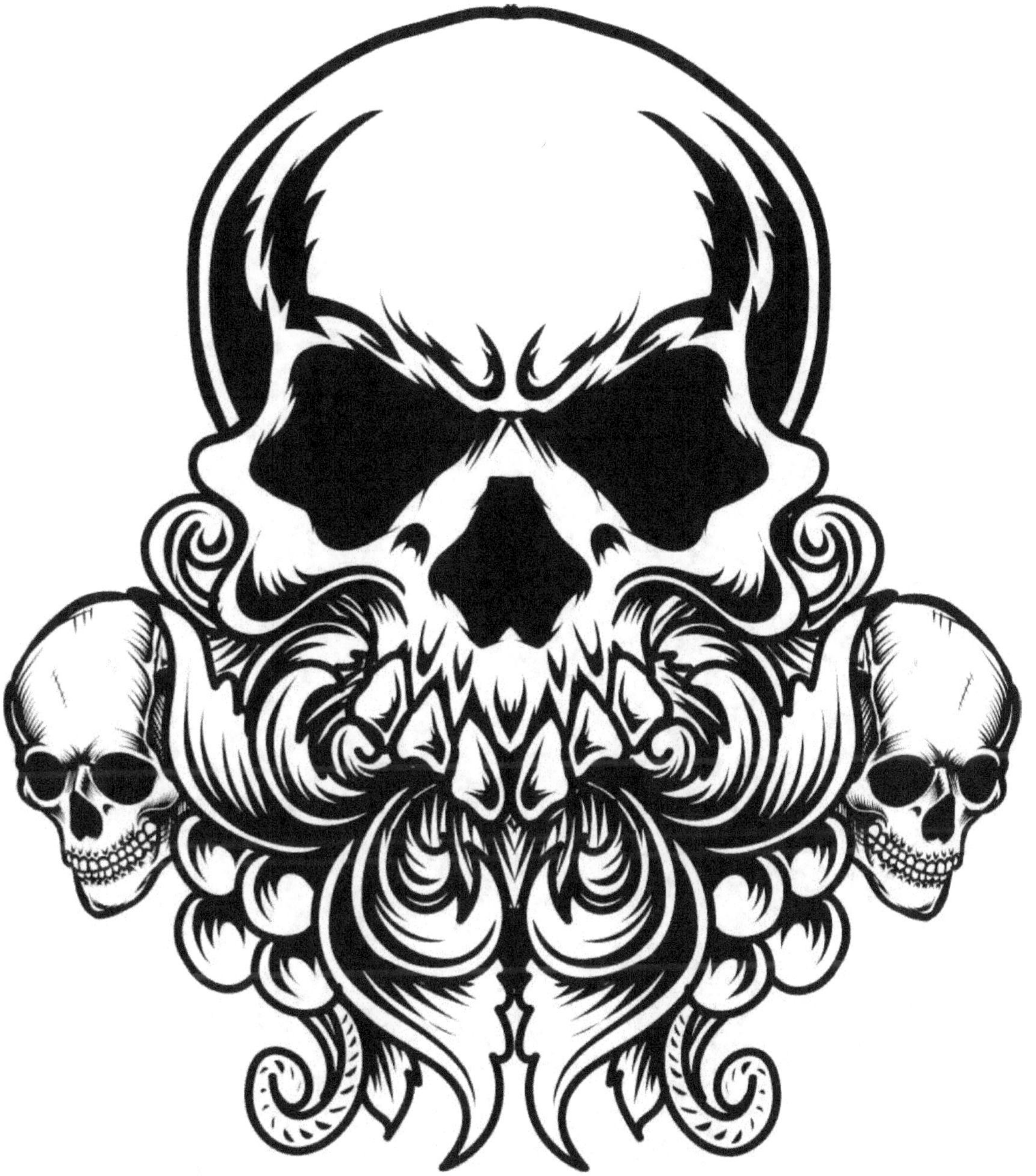

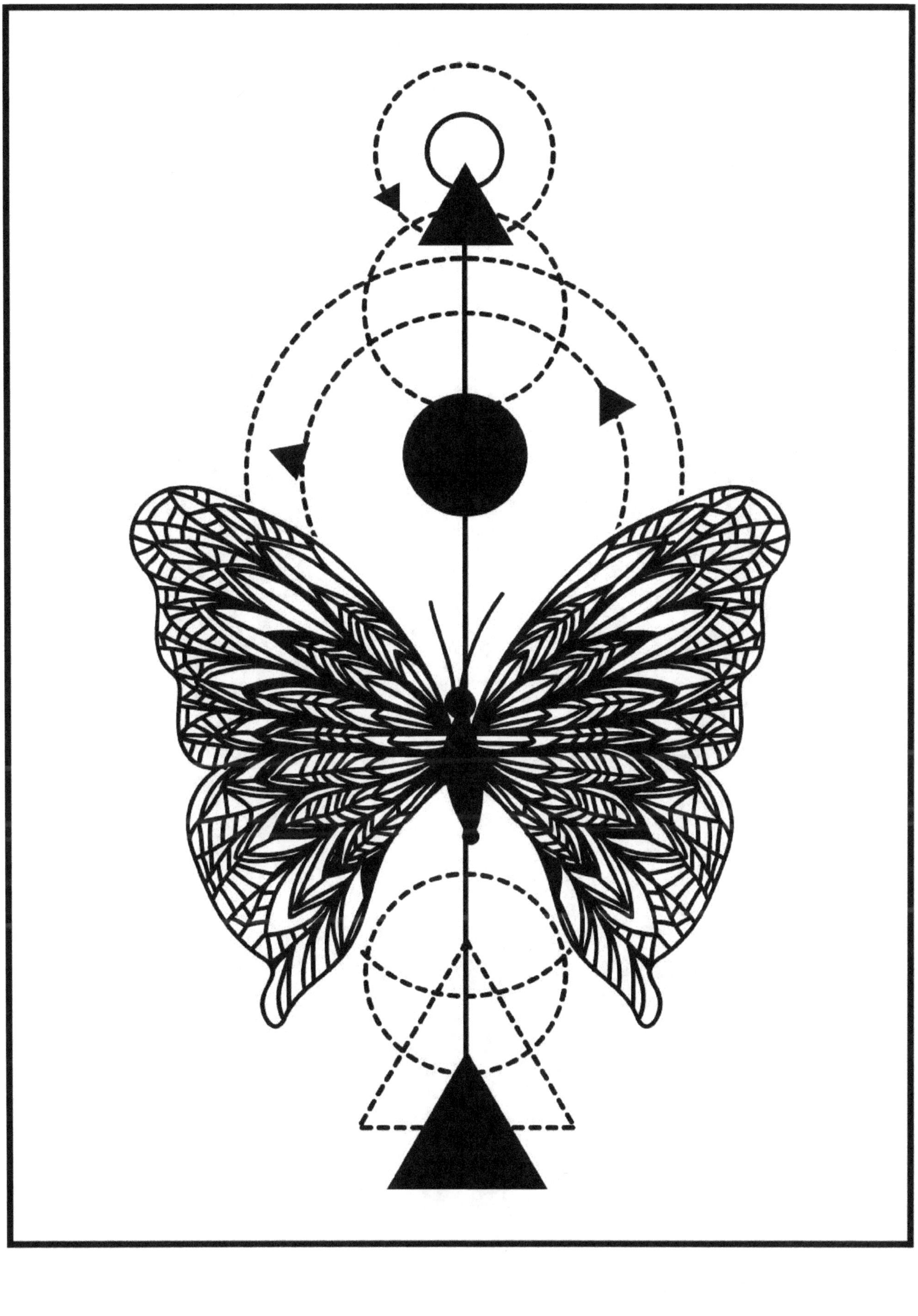

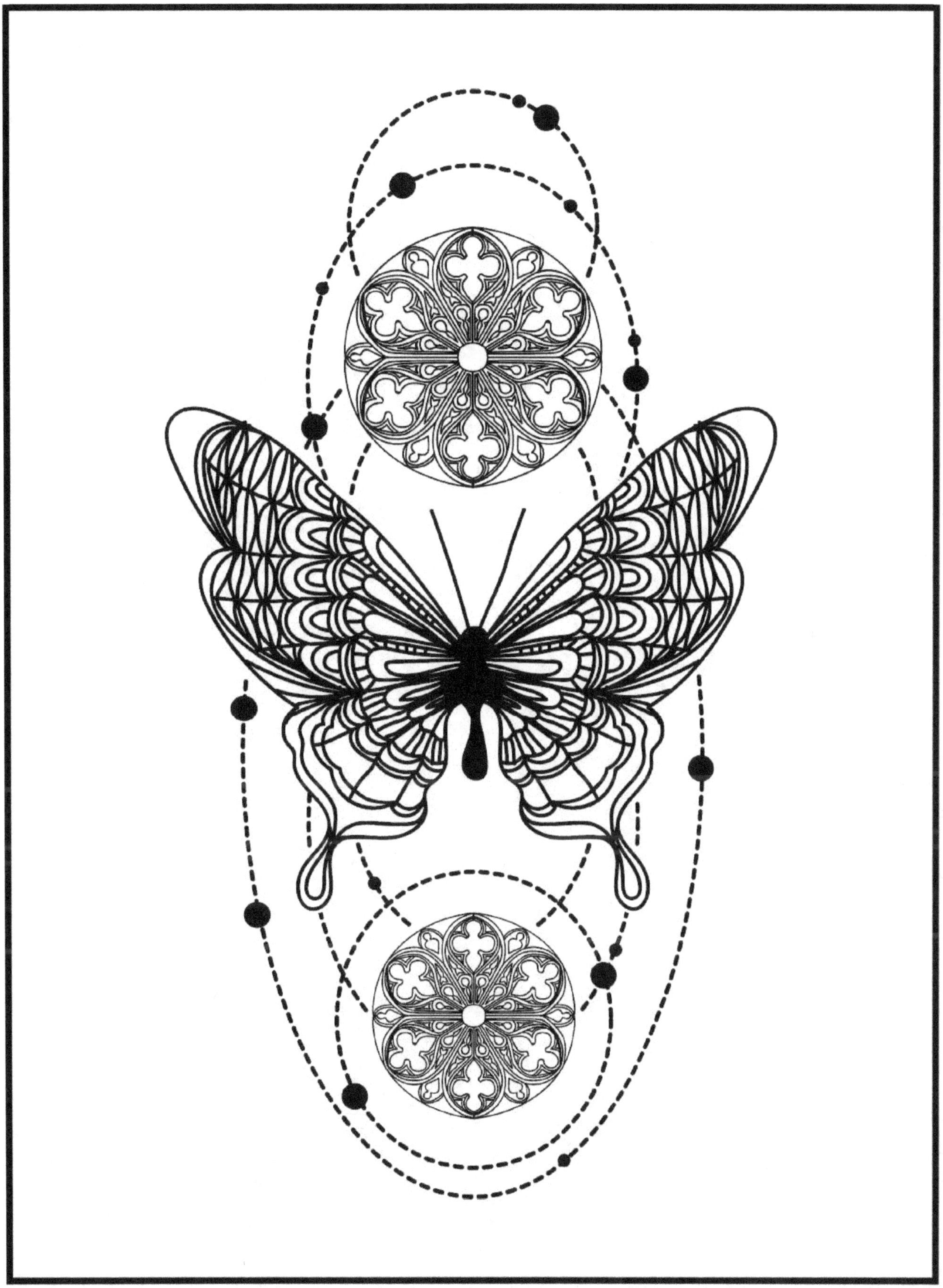

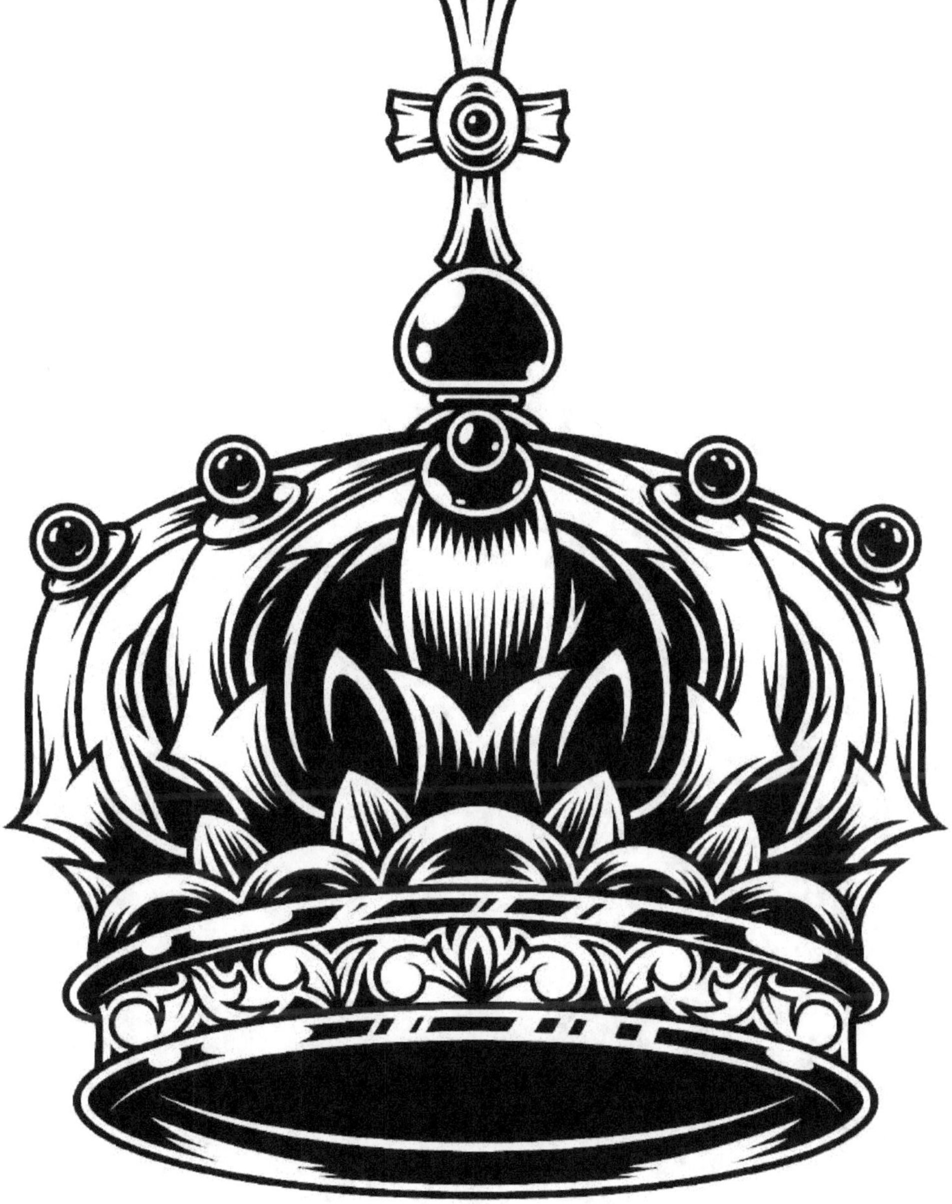

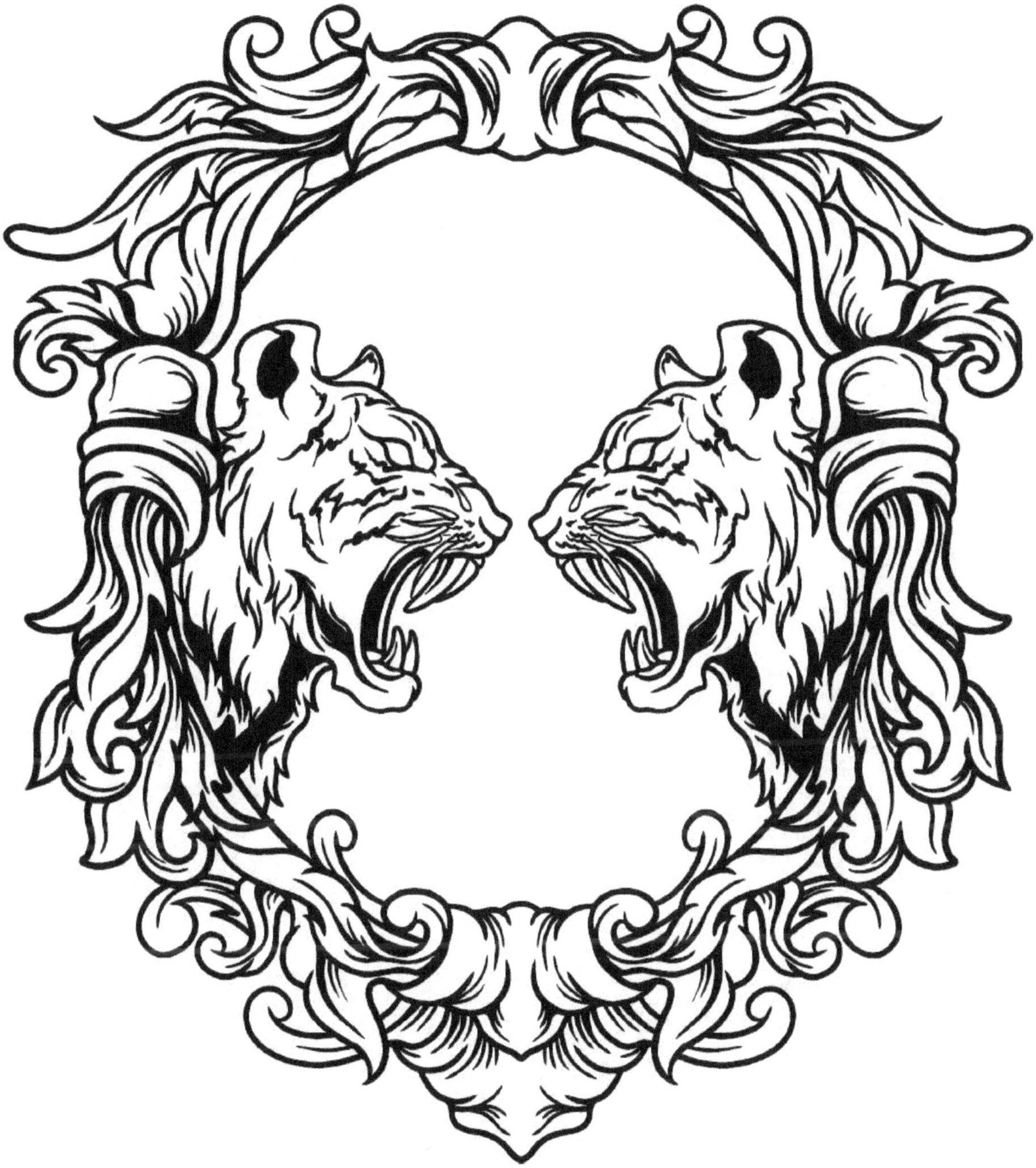

www.ingramcontent.com/pod-product-compliance
Lightning Source LLC
Chambersburg PA
CBHW082212220526
45470CB00010B/3141
* 9 7 9 8 3 2 4 3 0 7 3 0 1 *